Lygia Marina

Música na Alma

Uma história de família, amigos, amores, risos e música

Vermelho Marinho

Autora
Lygia Marina

Editor-chefe
Tomaz Adour

Revisão
Equipe Vermelho Marinho

Diagramação
Marcelo Amado

Fotografia de Capa
Ronaldo Câmara; Foto tirada no quiosque Delamare, no posto 8, em Ipanema, Rio de Janeiro, que gentilmente cedeu seu espaço.

Capa
Marcelo Amado

Dados Internacionais de Catalogação na Publicação (CIP)
Fabio Osmar de Oliveira Maciel – CRB-7 6284

M337m

Marina, Lygia
Música na Alma: uma história de família, amigos, amores, risos e música / Lygia Marina. – 1. ed. – Rio de Janeiro : Vermelho Marinho, 2022.
228 p. ; 21 cm.

ISBN 978-65-86082-70-8

1. Autobiografia. 2. Memórias. 3. Música – Apreciação. I. Título.

698-044-22 CDD : 920

Índice para catálogo sistemático:
1. Autobiografia : Biografia 920
2. Música : Apreciação 781.17

VERMELHO MARINHO

EDITORA VERMELHO MARINHO
Avenida Gilka Machado, 315 – bloco 2 – casa 6
Recreio dos Bandeirantes – CEP: 22795-570
Rio de Janeiro – RJ

A vida é essa coisa maravilhosa que dança,
pula, voa, ri.....e passa!

Jacques Henri Lartigue

Sumário

Introdução **9**
1 – A gênese **15**
2 – As respostas **27**
3 – 1968 **37**
4 – Vida que segue **41**
5 – Anos inesquecíveis **47**
6 – O outro Fernando **57**
7 – Como me tornei musa **61**
8 – A vida com Fernando Sabino **69**
9 – E continua o filme... **79**
10 – Zélia, uma paixão **91**
11 – A vida alegre **99**
12 – O amor maduro **105**
13 – Beleza, vaidade e muitos amigos **115**
14 – A fila anda **121**
15 – Minha família **129**
16 – Além da musa **135**
17 – Inocente inútil **151**
18 – Os protagonistas **159**
19 – Música na alma **169**
Crônicas **191**
Fotografias **200**

Introdução

E por falar em saudade/onde anda você

Toquinho e Vinícius

Se eu soubesse naquele dia o que sei agora

Dolores Duran

Eu quero ter um milhão de amigos

Roberto e Erasmo Carlos

Sempre tive vontade de escrever a minha história com letras de músicas. Como já vivi muito, essa tarefa é quase impossível. Tenha certeza, porém, que a cada momento desse livro a música estará presente, assim como esteve em toda a minha vida e permanece presa na minha alma.

É a música que me diverte, me embala, me faz pensar, me faz sonhar. Sempre.

O primeiro verso que escolhi para essa introdução (*E por falar em saudade/onde anda você*) me remete a um momento espetacular: Vinícius cantando o que havia acabado de compor na casa de Cícero Leurenroth, pai da Olívia Hime, em Petrópolis. Uma noite marcada para sempre na minha memória. E tantas outras em que ele esteve na minha casa ou nos divertimos juntos nos bares da vida.

Vida que segue.

Quantas vezes o verso de Dolores Duran (*Se eu soubesse naquele dia o que sei agora*) surge no meu pensamento nesses 73 anos? Já perdi a conta. Não é assim com todo mundo? Se volto no tempo, com o que sei hoje talvez jamais tivesse me separado do meu primeiro marido. Ou casado com outro alguém, cujo final de união faz surgir ressentimento, vingança, mesquinharia. Mas, como não sabia antes, vivo tudo isso com a certeza de que ter *um milhão de amigos* é o que interessa.

Pode rir, mas ao contrário de Groucho Marx, eu frequento todos os clubes que me aceitam. E tenho orgulho deles. O Rei sabe tudo!

E agora, possivelmente, você se pergunta por que decidi escrever minhas memórias, se não posso contá-las com letras de música? Simples. Porque ao longo da vida fui anotando o que me acontecia. Notas esparsas aqui e ali, que refletem o momento que vivo. "Escreva", me dizia o analista Ivan Ribeiro, um querido com quem me tratei um tempo, até ele me dar alta. "Tenha sempre um caderno a mão, do lado da cama" – incentivava meu filho Luís.

Segundo o meu mapa astral, tenho o pé na terra e a cabeça no ar. Acho bom, pelo menos não vivo de cabeça para baixo. Quando caminho na praia sinto isso claramente, os pés pisam duro e a cabeça viaja. Caminho acelerada e os pensamentos fluem. As ideias me vêm aos montes, pena que não dá para anotar. Assim que chego em casa, lembro dos conselhos de Ivan e Luís, pego o caderno para anotar tudo, ou escrevo na contracapa do talão de cheques (será que alguém ainda sabe o que é isso), em guardanapos, em folhas avulsas espalhadas pela casa os flagrantes do cotidiano, as sensações, registros de momentos alegres e tristes, de euforia e depressão.

Acho que todos nós devíamos anotar tudo, sempre, desde a infância. A experiência de cada um vale para o outro. Embora única, somos todos humanos, com carências, medos, inseguranças, fragilidades, esperanças, fé e tudo o que nos move. Não tenho pudor de me expor nesses escritos e nem terei nesse livro. Se não for eu o personagem, não saberia criar outro. Falando de mim, posso ajudar outros, que estão no mesmo barco.

Quando releio os meus cadernos, sei que tive uma vida intensa, com altos e baixos emocionais e profissionais. Nunca perdi o riso, porém, sou Poliana no seu mais alto nível. Polianice chegou e ficou. Vejo sempre o lado bom de tudo, e isso me salva. Esse misto de alienação e porralouquice dá muito certo. Pelo menos para mim. E, quem sabe, para outros.

Escrevo por anos em cadernos, em 1998 começo a usar o computador[1].

É em um pedaço de papel impresso dessa época que leio hoje: "quero transformar em livro as bobagens que venho registrando..."

Vinte e um anos depois, pedaços desse inventário de lembranças fazem parte desse livro aqui e acolá. Ao contrário de Tom Jobim, não "*esqueci no piano/ as bobagens de amor que eu queria dizer*". Esses e outros versos de Lígia fazem parte da minha biografia e você ainda vai ler adiante sobre essa música.

---

1 Não estranhe ao ler essa introdução o fato de eu usar quase sempre os verbos no presente, mesmo com fatos acontecidos. Misturo os tempos sem cerimônia. E seguirei assim por todo o livro. Não me dei conta disso, até uma amiga me dar o alerta. Acho que o passado vive em mim no presente. Nem todo, é verdade, mas como Mário Quintana, penso que *o passado não reconhece o seu lugar: está sempre presente...*

Alguns sugeriam que eu escrevesse esse livro só de vingança. (*Vingança, vingança, vingança, aos santos clamar* – Lupicínio Rodrigues). Para dar um troco. Decididamente não sou essa pessoa. Outros apenas tentaram me dissuadir, mas encerrei a discussão sendo clara: se quiser fazer, farei de qualquer forma, apesar da opinião de vocês.

Agora eu quis e fiz.

Minha proposta é contar tudo que vivi, e não foi pouco, circulando entre as cabeças pensantes do Brasil e do mundo. Eu sou muito jovem quando conheço Otto Lara Resende, Hélio Pelegrino, Rubem Braga; Adolfo Celi chegando para um encontro em Roma em uma vespa; Otávio Paz, Mario Vagas Llosa, Jorge e Zélia Amado – essa lista não tem fim. Quando conto as histórias deles para os amigos, acho que eles pensam que é mentira.

Quero falar dessas pessoas. Quero falar da carreira, primeiro como professora e depois como gestora de espaços culturais, conhecendo milhares (quem sabe chego ao milhão!) de pessoas interessantes. Quero falar de música, de todos os compositores, cantores, músicos que passaram pela minha vida e deixaram seus acordes para sempre. Se eu escrevesse um livro só sobre o mundo musical e os amigos queridos que fiz por causa da música, teria que ser dividido em tomos. Aqui farei um resumo, ou pelo menos tentarei.

Esse livro é meu legado para os meus netos Lucas e Sara, que fazem a minha vida ser mais iluminada. Acho que é a melhor lembrança que posso deixar para eles. Em resumo, quero dizer para eles: "sua avó teve uma vida privilegiada, conheceu, conviveu com as pessoas mais interessantes do mundo".

Quando pego as anotações feitas há muitos anos, transcritas em parte nesse livro, às vezes acho que eles vão pensar: "que avó doida, aflita, ansiosa". Mas ao mesmo tempo, tenho certeza, de que eles saberão que sou também feliz, de bem com a vida, amiga dos amigos, amorosa, cheia de amor para dar, nem sempre correspondido. Em muitos momentos da vida sou protagonista, "*a mais bonita das cabrochas dessa ala*", como escreveu Chico Buarque. Em outras, fico em segundo plano. Ouço Frank Sinatra e entendo a lição.

That's life (that's life) that's what people say

You're riding high in April

Shot down in May

But I know I'm gonna change that tune

When I'm back on top, back on top in June

That's Life (Kelly Gordon e Dean Kay)

E quero que eles saibam – e você também – que posso morrer aos 80, aos 90 ou aos 100, mas serei sempre sonhadora, ouvindo *Love is The Thing* na voz de Nat King Cole, que é o que faço enquanto escrevo.

What does it matter if we're rich

Or we are poor?

Fortune and fame they never endure

Oh love is the thing, love is the thing!

Love is The Thing (Ned Washington / Victor Young)

E com música na alma!

1

A Gênese

Acho que primeiro preciso me apresentar. Sou Lygia Marina de Sá Leitão Pires de Moraes. Durante muitos anos me incomoda a falta de imaginação de meus pais, Lygia Marina e Nelson, de terem me dado o nome da minha mãe. Com os anos relevo e torno meu nome uma marca, sem tantos sobrenomes. Viro simplesmente Lygia Marina. É assim que me conhecem. Em Ipanema, onde vivo a maior parte da minha vida, na *Oropa*, *França* e *Bahia* – como canta o samba-enredo da Imperatriz Leopoldinense, em 1970.

Nasço no Rio de Janeiro, pareço com meu pai – dizem todos. O que lembro da minha infância? Que sou mais alta do que as meninas da minha idade, tenho cabelos crespos e longos e uso tranças grossas e bonitas. Nasço e moro um bom tempo no Leme, bem perto da praia. Curioso, praia não é a minha praia. Tenho medo de mar que me dano. Acho areia algo insuportável. Ficar nas pedras, nem pensar. Com a velhice chegando, ou chegada, não me sento na areia, sob pena de ter de chamar um resgate para me levantar. Chama o Samu, para resgatar a doida que se sentou na areia e não consegue se mexer – gritarão todos. Ou então, lentamente ficarei de quatro, pagando aquele mico universal. Praia para mim serve hoje para dar caminhadas no calçadão. Isso sim, clareia meus pensamentos, acalma minhas poucas ansiedades, cumprimento um, cumprimento outro, encontro amigos.

Voltando ao Leme, e se acostume. As ideias vêm assim mesmo. Uma puxa outra, que puxa mais outra, mas prometo que retomo o fio da meada. Minha primeira escola é o Clube de Recreação Infantil, perto de casa. Criada por Zoé Noronha de Chagas Freitas é embrião da Escolinha de Arte do Brasil. Com três anos de idade, sou aluna de Zoé e de Augusto Rodrigues, dois pioneiros da arte/educação. A casa é linda, com um imenso jardim e a minha lembrança mais remota é nessa escola: eu aconchegada no colo de Dona Nina, figura doce, gorda, que me acalenta até minha mãe chegar atrasada para me pegar, o que me dá um sentimento de abandono imenso, em parte compensado pelo colo generoso.

Meu universo na infância é cercado de amor, mas não sei bem lidar com ele. Sei que sou amada, mas alguns sentimentos se misturam dentro de mim, como o abandono.

Nunca perdi de vista Dona Zoé. Em seu aniversário de 90 anos eu estava lá. Eu amava-a muito. Márcia, sua filha, uma vez me disse que eu era a favorita da mãe. Que privilégio!

Moro no Leme até os nove anos. Sou a primogênita de uma família que acabou tendo mais cinco filhos – Nelson (mais uma falta de imaginação), Francisco, Claudio, Katya e Luiz Octávio. Os dois menores não nasceram no Leme, mas até hoje tento imaginar, porque não me lembro, como os quatro filhos eram empilhados em um apartamento de dois quartos.

A vida não é o que a gente viveu, e sim a que a gente recorda, e como recorda para contá-la.

Gabriel Garcia Marques

Dessa época, minhas memórias se confundem com relatos. Não sei de verdade o que vivi e o que me contaram. Será que isso tem realmente importância? Digamos que vivi o que me lembro.

Lembro bem, por exemplo, que banana na minha casa era comprada não por dúzia, mas por cacho. Onde caberia um cacho de banana na cozinha, que, presumo, devia ser minúscula? Em cima do armário do quarto, ora. Uma coisa absolutamente normal em uma família de seis pessoas em um apartamento. Ah, eu me sentava na areia! Não que me recorde, mas há fotos que provam esse fato. Guardo na minha memória a doce figura de uma amiga de minha mãe, Edir. Elas se casaram no mesmo dia na Igreja de Copacabana. Edir teve seu primeiro filho no dia seguinte ao que eu nasço. Foram vizinhas e amigas pela vida inteira. Curiosíssima essa amizade. Edir era na dela, quase simplória, sem vaidades. Minha mãe era a vaidade caminhante. E seguiram juntas uma longa jornada. Edir morreu dois anos antes da minha mãe, e sua lembrança permanece até hoje muito forte. Saudades.

Nosso próximo pouso é na Praia Vermelha, uma casa muito bonita – infelizmente não existe mais – pertinho do Quadrado da Urca. Aí sim, o espaço cresceu. Nessa casa nasce a minha irmã Katya, o que para mim é motivo de irritação diversas vezes. Por que tenho que cuidar de criança? Acontece ocasionalmente, mas me irrita.

A casa é de esquina e me lembro com todos os detalhes, até mesmo que há dois quartos de empregada. Jardim muito bonito, não que nessa época eu seja muito ligada nisso, mas fica gravado que, de acordo com a estação do ano, um canteiro é renovado pelo jardineiro. É assim que aprendo o que são glicínias, margaridas, azaléas e tantas outras flores. Acho que posso dizer que é uma linda recordação.

Nessa época, gosto de ler e brincar de professora. Quantas vezes, meu pai entra em meu quarto de noite e avisa: "só mais uma página", porque senão ficaria a noite toda encantada com Monteiro Lobato e Condessa de Ségur, livros que até hoje sei de cor.

Na garagem da casa há um quadro negro enorme e é lá que começo a exercitar meus dons de educadora. Quem diria, ia virar a minha profissão anos depois. Como toda menina da minha geração, faço todos os trabalhos manuais: tricô, crochê, bordados. Eu me torno até uma costureira razoável, cheguei a fazer roupas para mim. Cozinhar, porém, é sempre a melhor parte no estudo dessas habilidades "femininas", segundo conceito dos anos 1940/1950. Gosto de cozinhar até hoje e gosto de comer bem. Quando coloco "a barriga no fogão" ainda me divirto muito.

Nunca tive bichos de estimação. Só de pelúcia.

Acho que sou meio diferente na minha infância. Coleciono figurinhas de cinema e acho Humphrey Bogart o máximo. Não é bonito, mas tem um charme... Que criança achava isso?

Da minha infância, sobra outra recordação: aos meninos, tudo; para as meninas, repressão. Menina não podia nada, "não ficava bem, o que os vizinhos vão pensar?". Mundo estranho com o qual luto incessantemente até hoje.

Dois opostos que se encontram

Minha mãe nasceu em berço de ouro. Meu pai, nem berço tinha.

Lygia Marina, originalmente, era de uma classe elevada, teve uma infância com motoristas, dois pianos de cauda na sala, um para ela tocar e outro para sua irmã Germana, tudo isso em uma casa gigantesca na Figueiredo Magalhães, em que se entrava de carro por um lado e saía por outro.

Não conheci essa casa, mas tenho certeza de que ela era o símbolo da opulência da família.

Nelson, ao contrário, era de uma família muito modesta, classe média baixa, nasceu em Olaria, subúrbio do Rio de Janeiro, filho de Jacintho e Josepha Pires de Moraes.

Absolutamente lindo, olhos verdes (o que lhe rendeu o apelido de Nelsinho *petit pois*), parecia um lorde inglês, apesar da origem. Meus tios Iracema e Oswaldo, o Vavau, seus dois irmãos ainda vivos quando nasço, diziam que meu pai havia nascido sofisticado.

Eu amo meus tios: Vavau, que está sempre presente na minha vida, e me dá um presente precioso quando criança, um piano. Como todas as meninas da minha geração, estudo piano. Não toco, porém, com o passar do tempo nenhuma nota e nem sei ler mais uma partitura. Talvez devesse ter investido mais no piano e no canto. Tenho uma voz de contralto que não desenvolvi. E como gosto de música, seria muito feliz hoje se tocasse e cantasse. E dançasse bem – adoro dançar, mas danço meio mal.

Tia Iracema tinha uma peculiaridade. Nunca foi bonita, meio matrona, estava sempre com um cigarrinho na boca – pelo menos é assim que me recordo dela. Foi uma das grandes parteiras do Rio de Janeiro, trabalhava com um famoso médico, Dr. Rodrigues Lima, e pelas suas mãos nasceu, por exemplo, o cantor Pery Ribeiro, o que contava com orgulho. Parteira era uma função respeitada e conceituada na época. Iracema conheceu um estudante de Medicina, com quem se casou. Armindo Sarmento se tornou uma das referências da obstetrícia e ginecologia. Ele era um cara à frente do seu tempo. Jovem estudante tocava violino na Lapa e foi parceiro de Noel Rosa. Médico, trabalhava 12 horas por dia dentro do hospital. Iracema parou de trabalhar para ajudar o crescimento da carreira de Armindo, que era um homem afetuoso e sedutor. Tão sedutor que as mulheres se encantavam por ele. Como os homens de sua época, teve duas famílias. Era um segredo de família. Só que eu via, quando passava de ônibus escolar, todos os dias o carro de Armindo estacionado na frente da casa da outra, um Dodge preto. Noel não resistiu a uma tuberculose; Armindo morreu de câncer de pulmão uns 50 anos depois. Ecos da vida boêmia?

Ah, o lanche na casa de Iracema! Amo. Sua geladeira é moderna e há um compartimento para manteiga – eu, com oito anos, acho aquilo o máximo. Outra recordação, essa dos tempos da bonança do casal, é a sessão de cinema todos os sábados no apartamento do Edifício Select, na Praia do Flamengo, que tem até elevador para carros. Lá, víamos em 35 mm filmes do Tyrone Power. Emilinha Borba de vez em quando aparecia por lá. Iracema e Armindo tiveram um filho, Octavio, que é mais velho do que eu, e com seis anos carregou as alianças do casamento dos meus pais. Com a outra família, o que era comum na época, teve uma filha, e o segredo permaneceu.

Qual é o segredo da sua? – sempre me pergunto quando converso com alguém sobre o tema família.

Iracema era muito generosa e adorava ajudar todo mundo: a tia de Armindo, Dona Isabel, uma figura imponente, mas sem um gato para puxar pelo rabo, foi acolhida por Iracema; uma prima com atraso mental, também acabou na casa dela. Não era por ostentação, ela tinha prazer de fazer. Dizem que herdei dela essa qualidade. Minha mãe adorava dizer assim: "você puxou à Iracema, adora cuidar dos outros". "Que bom" – sempre pensei. Adoro prestar favor e fico danada quando não consigo resolver. Meus amigos sabem: peçam porque amo poder fazer algo pelos outros. Mas Iracema era bem mais do que isso.

Do outro irmão de meu pai, Roberto, pouco sei, parece que se matou e isso se tornou outro segredo de família.

Meu avô paterno era duro como um coco. Nunca soube exatamente o que fazia, talvez trabalhasse em um pequeno comércio, talvez fosse escriturário. Não conheço, de fato, esse avô que morreu quando eu tinha seis meses. Parece, no entanto, que ele era muito doce. Fica viúvo cedo, quando meu pai tem dois anos. Os irmãos mais velhos ajudam na criação e a noção de família é bem arraigada. Crescem com dificuldade, mas não perdem a união.

Meu pai contava que havia morado em um lugar chamado Boca do Mato. E ria com o maior bom humor.

O meu pai era paulista
meu avô pernambucano
Meu tataravô mineiro...

Paratodos (Chico Buarque de Hollanda)

Como Chico, tenho também um avô pernambucano. O pai da minha mãe se chamava João Henrique de Sá Leitão, um dos homens mais bonitos que já vi, quase dois metros de altura, com certeza algum holandês passou pela família. Sua história é fantástica e lamento não ter tomado nota, perguntado mais, descoberto tudo que cerca a vida dele. A vida passa muito rapidamente, e não damos bola para algumas coisas que iremos lastimar depois por não termos dado a devida atenção.

A vida do meu avô é uma delas, especialmente agora, que tenho mais de 70 anos e a certeza da finitude.

Por que não me interessei mais pelos detalhes? Porque era tonta, estava distraída pensando em outras coisas, simples assim.

Conto o que sei e o que lembro e é o que posso oferecer.

Esse homem lindíssimo se forma em medicina nos anos 20 e vai dar com os costados no Brasil Central. Goiás ou Mato Grosso, sei lá. Acho que era o esquema da interiorização, que se discute até hoje. Algum tempo depois, ele recebe uma notícia absolutamente sensacional que devia voltar a Pernambuco para receber uma herança. Que herança? De quem? Outro vazio na história. Deslumbrante, belo, jovem, solteiro e rico pega o primeiro vapor para Paris. Logo frequenta a vida boêmia da cidade-luz, adora jogar, se torna amigo de Maurício Chevalier, de Minstinguett e de tantos outros artistas famosos, anda pelos bares, provavelmente tomando uns absintos.

La bohème, la bohème
Ça voulait dire
On est heureux
La bohème, la bohème
Lar Bohème (Charles Aznavour)

Um belo dia, depois de intensa vida parisiense, Dr. João resolve descansar em plagas brasileiras. E como era do gosto da época, faz uma estação de águas em Caxambu e conhece Marina, com quem se casa. Breve intervalo. Quando essa história é lembrada em família, meu pai faz sempre o mesmo comentário: "foi aí que Dr. João enlouqueceu e deu essa mancada".

Largou o jogo. Segundo ele contava: "um dia jogou as cartas fora e nunca mais pegou em um baralho", casou-se e ficou morando no Brasil.

Com a herança praticamente desaparecida, meu avô começa a se dedicar à saúde pública, em um misto de atendimento médico, mas também serviço burocrático, administrativo e acaba derivando para aí mesmo.

Tinha um bom padrão de vida, mas ainda aquém do da minha avó.

Minhas avós

Se nem meu pai conheceu a própria mãe, obviamente ela não faz parte da minha vida. Já minha avó materna, Marina de Sá Leitão, e minha bisavó, Ester, que era também minha madrinha, permanecem na minha memória. Vovó era nanica, batia na cintura do meu avô. Talvez por isso usasse salto alto sempre. Até seus chinelos tinham salto. Acho que o pé dela nem encostava no chão, de tão acostumado com o salto. Quando pequena teve paralisia infantil, mas ficou apenas com um pequeno defeito na perna, absolutamente imperceptível, e mascarado pelos enormes saltos. Foi coquete até o final da vida, quando progressivamente ficou mais cheia de mania de doença. Ficam essas lembranças para mim: os saltos e seus achaques, sempre estava sofrendo de algum mal.

Já minha bisavó, que todos chamavam Teté, é uma figura encantadora, olhinhos muito azuis, professora, pequenina e chiquérrima. Com certeza é a mulher que mais influencia a minha vida. Se fechar os olhos agora, me lembro de um dos meus programas prediletos com Teté. Vamos de táxi para o centro da cidade, carro de aluguel, assim se chama. Na direção há um português – sempre o motorista é dessa nacionalidade. Chegamos na loja *A Moda*, onde Teté é cliente vip. Há uma poltroninha esperando por ela para que veja o desfile da coleção. Eu, menina ainda, ao seu lado, olho tudo com olhos deslumbrados. Seu Manuel, o dono de *A Moda*, faz todas as modelos desfilarem e Teté escolhe alguns para experimentar e compra vários. Quando chega em casa, ela sempre manda que eu pegue alguma coisa no *boudoir*.

Eu acho que tenho uns 100 anos quando me recordo disso tudo, um mundo que não existe mais.

Outra recordação intensa: eu adoro almoçar na casa dos meus avós. Em alguns dias que almoço com Teté, ela me pede para acompanhá-la até a Escola Cocio Barcellos, que existe até hoje, na Avenida Nossa Senhora de Copacabana, esquina de Barão de Ipanema, para receber o pagamento. E aí Teté recebe no guichê um envelope cheio de notinhas estalando de novas, a sua aposentadoria. Sempre ganho um dinheirinho. E fico imaginando de onde Teté tem tanto dinheiro. Acho que ela recebia, também, uma pensão do meu bisavô, que era, se não me engano (também não perguntei e nem anotei), despachante alfandegário. O nível dos meus bisavós e da minha avó é muito alto, morando sempre em casas legais, depois ótimos apartamentos.

Quando a minha mãe se casa, meus bisavós já moravam num belíssimo apartamento, do qual eu tenho lembrança. E que ali viveram até eu ter, sei lá, uns 13 anos, por aí. Viveram mal, é verdade. Quando minha mãe nasce, em 1925, vovó transforma a vida do meu avô em uma encrenca sem fim. Neurótica, nervosa, deprimida, cheia de achaques, como contei, acha motivos para espezinhá-lo diariamente, mas vivem juntos até a morte dele nos anos 60. Meu avô tem um enfarte de madrugada, não acorda a minha avó e só reclama do mal-estar de manhã.

Meu pai tem uma teoria: "ele se entregou, preferiu morrer a continuar vivendo naquele casamento infernal."

Não faltam problemas mentais na família. Gente muito doida.

Germana é um exemplo disso. Ela é a minha tia solteirona. Como é engraçada essa expressão, que reflete uma época também, como se quem nunca tivesse tido um filho, não tivesse nada mais e por isso necessitasse de um adjetivo depois do nome: solteirona, com todo o peso disso.

Germana, a solteirona

Minha mãe tinha traços finos, jamais tomava sol. Germana era o oposto, se tostava na praia. Tenho as maiores lembranças dessa tia, que era meio lelé, Um pouco *détraqué*, para usar uma palavra que combina com *boudoir* da minha bisavó. Uma certa insanidade mental grassava na família materna – isso não posso negar. A começar pela avó Marina, a cheia de achaques. Eu me lembro de Tia Germana bem jovem, com 20 e poucos anos, quando fazia absolutamente tudo o que eu queria. Eu, pirralha, com sete anos, Germana me convidava para brincar de loja e tirava tudo de dentro dos armários. Eu adorava, porque depois, passar bem e ir embora. Jamais passou pela minha cabeça ajudar a arrumar uma casa completamente revirada. Nem pela cabeça de Germana. Nunca se casou, virou a solteirona da família, mas tinha muitas fantasias de homens apaixonados por ela. Jece Valadão era um deles, ela jurava que havia namorado ele. Vai ver namorou mesmo. Nunca ficou claro que ela havia se relacionado ou não com alguém. Seria outro segredo de família? Falava um inglês fluente, excelente leitora de Tennessee Williams, sobre quem dava "aulas". Eu ouvia e adorava. Germana era fã do carnaval, fazia uns sarongues e caía na gandaia. Será que ela era mesmo maluquete ou a família inventou isso? Será que ela era igual a mim, alegre, cheia de vida e só isso?

Dinheiro?
Pra que dinheiro?
(Martinho da Vila)

O dinheiro da família? Não sobrou muita coisa, tudo foi torrado, morreu todo mundo na pindaíba. Quando meu avô desiste e morre, vovó Marina tem um surto, é internada no Sanatório Botafogo, inteiramente destrambelhada. Começa a vender tudo o que tinha. Quando todos se dão conta, a vida dela está ladeira abaixo. De apartamentões ela e minha tia Germana acabaram em um quarto e sala mixuruca no Posto Seis, em Copacabana.

Se eu soubesse naquele dia o que sei agora, teria interferido naquilo que considerava uma loucura. Mas só tinha 18 anos e ninguém dava a menor atenção ao que eu pensava.

Germana e minha avó, naquele pequeno apartamento, viveram em simbiose total. Eu fiquei bem próxima das duas, cuidei delas. Germana me ligava às três horas da manhã para me dizer que a mãe estava morrendo. Eu ia, dava um Melhoral, e tudo passava. Como na antiga publicidade: Melhoral é melhor e não faz mal. Quando minha avó morreu, Germana sobrou definitivamente para mim e foi se deteriorando a cada ano. Em determinado momento precisei interná-la na Casa São Luiz, onde ela ficou os últimos anos da vida. Toda semana eu ia lá, acompanhada do meu Cirineu. Como aquele que ajudou Jesus a carregar a cruz, meu irmão Luiz Octavio foi meu cúmplice de suplício. Quando ela morreu, herdei o apartamento e diversos álbuns com autógrafos que colecionou ao longo da vida, de Tyrone Power a Juscelino Kubitschek. Dei todos para meu querido amigo Evânio Alves, um colecionador, entre muitas outras coisas. Devo a ele ainda um retrato de Germana, e vou cumprir. Eu guardo tudo também, cartas, bilhetes, dedicatórias e talvez essa seja a herança que Germana deixou para mim.

Sustentar quatro filhos. Como?

A questão do dinheiro sempre me intriga. Por exemplo, sem ajuda de ninguém, meus pais criam os filhos, todos estudando em escolas particulares. Penso que meu pai faz milagres, porque é impossível entender como ele dá conta de tudo isso. E permanecem as indagações: como meus pais conseguem ter uma vida confortável? Como eles arranjam dinheiro para tudo isso? Como não acabaram como Germana em um apartamento de quinta – perguntas que me faço desde muito cedo e até hoje.

2

As respostas

Meu pai é bonito, chique, sofisticado, fuma cachimbo. Bem jovem começa a trabalhar em uma loja de eletrodomésticos, mas logo depois abre um negócio com meu tio Vavau, que é absolutamente pioneiro: aquecimento central de água em edifícios, algo inexistente nos anos 1950. Nenhum dos dois tem a formação, não são engenheiros, mas dão conta do recado direitinho. Tio Vavau é o pé de boi, que coloca a mão na massa; meu pai, o vendedor, o *public relations*, sedutor, sabe vender e glamourizar os projetos.

Quando andamos pela Avenida Atlântica, meu pai me mostra orgulhoso os edifícios de classe alta, em que eles instalam o sistema, basicamente uma grande caldeira que abastece o prédio inteiro.

A empresa dá muito certo, porque a dupla de irmãos é afinada. Mas isso não quer dizer que a vida é fácil, vamos combinar que é uma treta. Especialmente porque vivemos em casa alugada. Meu pai sonha com a casa própria, até tenta, compra uma na Urca, mas não dá conta. Só muitos anos depois, ele e minha mãe, quando já estão sozinhos, conseguem realizar o sonho: compram um apartamentinho novamente no Leme, onde moram até a morte.

Luiz Octavio, o nosso caçulinha, nasce quando já estamos morando em uma casa em Botafogo. Uma casa belíssima dos jesuítas, atrás de um seminário dos padres do Colégio Santo Inácio. Não sei como surge a possibilidade de morar nessa casa, mais uma pergunta para a qual não tenho resposta.

Ah, a casa de Botafogo!

Lá vivi the *best years of my life.*

Meus olhos molhados
Insanos, Dezembros
Mas quando me lembro
São anos dourados
Ainda te quero
Bolero, nossos versos são banais
Mas como eu espero
Teus beijos nunca mais
Teus beijos nunca mais

Anos Dourados (Tom Jobim e Chico Buarque)

Bolero, beijos, dança, namorados, turma de rua, uma casa linda – assim é a minha adolescência. Tenho certeza de que não posso reclamar de nada. Não sou excessivamente religiosa, mas estudei no Colégio Sion e gosto de dizer que sou abençoada por Deus, desde sempre. Amo o Sion e me orgulho sempre de ainda ser *enfant de Sion*. Minhas amigas mais queridas são do tempo do colégio. Sou gregária, gosto das pessoas e não perco ninguém na vida, muito menos as outras queridas *enfants*. Se elas são diferentes de mim hoje, não importa. Aprendi há bastante tempo a aceitar as pessoas como elas são.

Fui feliz na adolescência.

Quantas pessoas dizem isso?

Nesses anos dourados não sei o que é uma espinha no rosto, não tenho problemas de peso, me julgo independente, mas fumo escondida, com medo de Dona Lygia, a rainha da repressão. Meu pai é da turma do vinho e sempre me dá um pouco, apesar da eterna repressão materna: um gole de Mateus Rosé ou de Casal Garcia. Ele adora vinho do porto e posso dar uma bicada, acho bom, hoje nem chego perto, é enjoativo demais. Tinha cólicas menstruais terríveis, que obrigavam meus pais a me buscar no colégio de tanta dor. Um dia, alguém disse assim: "quando você estiver com essa dor, experimenta tomar um golezinho de uísque, é vaso dilatador". Foi assim que começou. A minha carreira de bebedora de uísque começou naquela casa linda de Botafogo, onde eu pegava na cristaleira a garrafa de uísque e me servia. A cólica continuava, mas o uísque caía bem.

Não tenho mesada, mas consigo o que quero. Meus pais, sempre dando nó em pingo d'água, conseguem administrar uma família enorme.

Minha relação com meus pais é bem diferente. Com minha mãe não sei dizer se é boa ou má, mas, com certeza é difícil. Há uma competição não explicitada entre mim e Dona Lygia – vinda da parte dela, claro, como acontece com todas as mães de filhas. Ela é uma pessoa fria, distante – assim eu a vejo. Embora, do ponto de vista dela própria e do meu pai, é simplesmente "uma pessoa delicada". Não é delicadeza, definitivamente.

Ela me acusa de ser indiferente. E, como toda adolescente, não tenho paciência para essa lamúria e continuo a não ter por muitos anos da minha vida. Minha mãe era uma pessoa legal? Claro que era. Tinha qualidades. Claro que sim. Tinha mil defeitos também. Freud deve dar cambalhotas com as observações que faço e como apesar dessa relação com muitos não ditos, hoje reproduzo várias coisas que ela sempre fez, suas palavras, chega a ser pândego. "Baixou a Dona Lygia" – eu mesma brinco com a situação.

Só na maturidade conseguimos compreender nossas mães.

Depois que elas se vão, então isso se potencializa.

Com meu pai a relação é completamente diversa. Ele tem outro temperamento, superdoce. Lembre-se que sou a filha mais velha e vivo cercada de paparicos. Até hoje não sei como meus irmãos lidam tão bem com isso, embora haja algumas ciumeiras. Meu pai viaja muito a trabalho e sempre que volta traz uma caixa da Dulca, uma loja de chocolates que existe até hoje em São Paulo, e é sensacional. Volta e meia me chama para almoçar na cidade com ele. Eu vou e depois saímos para comprar uma roupa nova para eu usar na festa de sábado.

Se meu pai mostra seu afeto descaradamente por mim, minha mãe, claramente, gosta mais dos filhos homens. Mas, de fato, a vida em casa é bastante amistosa. Meus pais têm uma relação amorosa, conflito zero. Por momentos acho a relação dos meus pais bem estranha, porque minha mãe coloca todo o seu amor no casal, sobrando pouco para os filhos. Certamente em alguns momentos nos 50 anos de casamento eles deviam brigar. Nunca vimos. Será que era uma vida de fantasia? Será que alguém reprimia seus sentimentos? Não sei e nem me cabe avaliar.

Só sei que no dia em que meu pai morre, minha mãe não derrama uma lágrima, o que todos nós, os filhos, acham muito estranho. Tanto amor...

Sempre cabe mais um na casa de Botafogo

Em Botafogo, já somos oito. Na mesa, no entanto, há lugar para 14 pessoas, e está sempre cheia. Tio Vavau e meu pai almoçam em casa, um primo da minha mãe, amigos que vêm e ficam por dias, porque não suportam a convivência com o pai político quando ele chega de Brasília. Sempre cabe mais um na imensa mesa. A rua é pequena, sem movimento, e a diversão acontece além do portão. Papos, namoros, beijos roubados. Depois do colégio, encontro certo com a minha turma da rua. Onde vai ser a festa nesse sábado? Na sua ou na minha casa? No sábado rolava um cineminha ou, muito eventualmente, jantar fora.

Tudo era desculpa para ficar no escurinho namorando.

Passear na loja de departamentos Sears, logo ali na esquina de casa, é um evento. Uma amiga diz sabiamente que "a gente vai lá porque tem ar-refrigerado". E a Churrascaria Camponesa, com um pão de queijo excelente, também faz parte dessa decisão.

Quando me perguntam por que em Botafogo eu vivo *the best years of my life*, já que repito isso com frequência, é muito fácil responder. Tudo é prazer na adolescência porque há casa, comida, roupa lavada e zero problema. Só paira uma preocupação das mães: que as filhas casem virgens.

Há uma certa fixação no assunto sexo. Minha mãe não foge da regra.

Será que uma adolescente hoje sabe o significado de casar virgem?

Acho que não. Havia uma proibição de ir à última sessão de cinema com o namorado, um raciocínio meio maluco, como se não pudéssemos ir ao motel às duas da tarde. Lembro de chegar em casa um dia às dez horas da noite e meu pai me interpelar e afirmar que não era possível essa minha atitude. "Pai, não acredito que você está falando isso. Minha mãe ficou lhe azucrinando e você saiu da sua cama só para falar essa bobagem? Você não é assim". Ele ri, simplesmente. A obsessão é da minha mãe, uma mulher da sua geração com todos os acertos e defeitos.

Eu não fui uma rebelde, mas certamente não segui o caminho da maioria de mulheres da minha geração. Não foi uma bandeira que empunhei, mas me casei, separei, me casei de novo, separei mais uma vez, enfim, vivi uma vida mais liberta do que as minhas amadas amigas que estudaram comigo no Sion. Encontro com elas sempre e o que mais rola é comemoração de Bodas de Ouro.

Saudades dos tempos irresponsáveis

Essa é a tônica: nós nos divertimos sozinhos sem os pais. Na rua e com a turma da rua. E de vez em quando levamos bronca, por não agirmos como eles esperam. *That's life.*

Quando penso nos meus netos lendo essa parte, imagino a cara de espanto ao ouvir a expressão "turma de rua", mais do que com qualquer outra coisa nesse parágrafo. Certamente eles vão achar que a avó enlouqueceu de vez. O que sabem duas crianças que vivem em um apartamento no 10º andar, no ano de 2019, sobre essa estranha forma de socialização? Certamente Lucas e Sara vão comentar: "nossa, vovó conta cada coisa" e virarei uma peça arqueológica digna de estudos.

Há uma irresponsabilidade absoluta com a vida. Deliciosa. Tudo é fácil de resolver e meus pais tomam conta de todas as decisões. Quando faço 15 anos, por exemplo, há uma festa programada para o dia 4 de setembro de 1961. A festa, porém, precisa ser cancelada porque aquele senhor maluco, Jânio Quadros, renuncia no dia 25 de agosto. Todo mundo fica apreensivo: O que vai acontecer? O Brasil vai pegar fogo? Meus pais têm imediatamente a solução para que a decepção não seja tão grande. "Convida quem você quiser da turma da rua, fazemos um jantar aqui em casa e depois vamos todos ver *My Fair Lady*, na Praça Tiradentes" – meu pai definiu.

Para com isso. Olha, que maravilha!

A vida é fácil nos anos 1960!

Nossa casa de Botafogo é uma típica construção dos anos 30, e foi tombada anos depois que todos nós saímos de lá. Costumo brincar que tombaram porque morei no endereço. E nos meus escritos encontrei outro dia algo que revela a minha emoção ao voltar à casa anos depois e lembrar de tudo de bom que aconteceu naquela época:

Sábado, 28 de março de 1998, meia noite e meia

Hoje resolvi conhecer o mais novo restaurante do Rio, na rua Vicente de Souza 25, onde morei e vivi, certamente, os melhores anos da minha vida. Foi uma experiência fantástica, me apresentei aos garçons e à gerente como ex-moradora de lá. Foi uma comoção. Não caí em prantos, porque estou em uma fase boa, de bem com a vida. A emoção foi demais de entrar no meu quarto, no quarto dos meninos, visitar a casa inteira, ver as modificações feitas, estar ali naquela sala em que dançamos, em que toquei piano e, também, descobri o amor, o sexo, o tesão, enfim, a vida e o mundo. Muita gente que passou ali, não está mais aqui. Penso no Gaúcho, colega de faculdade, querido amigo, apaixonado por Machado de Assis, que achava minha casa cenário perfeito para um romance do escritor genial. E eu, ali, uma espécie de Capitu, ingênua, tonta, boba, não sabendo o que viria pela frente. Deu um nó na minha cabeça. Agora tento organizar a confusão, mas está difícil.

A casa não desapareceu, mas o Rio de Janeiro em que vivi, morreu. E isso também já deu muito nó na minha cabeça.

Cidade Maravilhosa
Cheia de encantos mil
Cidade Maravilhosa
Coração do meu Brasil

Cidade Maravilhosa (André Filho)

Rio era certamente a Cidade Maravilhosa, encantadora, cheia de glamour. O Rio acabou e meus amigos brigam comigo quando falo isso. Mas é o que penso: no Rio dos anos 1960 tudo funcionava, havia bondes e lotações, que andavam tresloucados, mas eram sensacionais. E os motoristas podiam correr desvairadamente, porque nada acontecia: poucos carros na rua, nada de engarrafamento, todo mundo chegava a qualquer ponto da cidade em meia hora. Preocupação com segurança não existia. Crianças e velhos eram protegidos pela sociedade. Hoje são alvos.

Enfim, o Rio era uma cidade afável, cordial e alegre.

(...)

Lembra que tempo feliz, ai que saudade,
Ipanema era só felicidade
Era como se o amor doesse em paz
Nossa famosa garota nem sabia
A que ponto a cidade turvaria
este Rio de amor que se perdeu
Mesmo a tristeza da gente era mais bela
e além disso se via da janela
Um cantinho de céu e o Redentor
É, meu amigo, só resta uma certeza,
é preciso acabar com essa tristeza
É preciso inventar de novo o amor

Carta ao Tom (Toquinho e Vinícius de Moraes)

Hoje sobra uma cidade onde a cafajestice, a violência e a grosseria imperam.

É claro que em muitos momentos me esqueço disso. Por exemplo, caminho pela praia e me deparo com o bêbado da rua. Com olhos inchados de quem já tomou todas às nove da manhã, acabou de sair da areia onde passou a noite, está imundo e maltrapilho. Ao me ver, abre um sorriso enorme e me cumprimenta: "Bom Dia, princesa".

Vou em frente rindo, sozinha.

Dobro a esquina e caio nos braços do Vavá, que comigo trabalhou muitos anos, maquinista que é do teatro da Casa de Cultura Laura Alvim. Ele se intitula Negão e por isso mesmo, depois do efusivo abraço e a alegria que demonstra ao me ver, pergunta: "tem um emprego melhor aqui pro Negão?". E sai dizendo em alto e bom som em plena Praça General Osório: "continuo te amando..."

Em um réveillon qualquer, não me lembro qual, o vendedor de flores me oferece um ramo de palmas brancas e me aponta para os seus companheiros: "com esse sorriso ela vai conseguir tudo com Iemanjá".

Embora reclame da cidade o tempo todo, do país em que nada funciona, da miséria que se alastra, tenho que admitir que essas cenas são algo absolutamente carioca. E são elas que animam um pouco o nosso cotidiano. São as pequenas alegrias fundamentais para que sobrevivamos e que nos fazem crer que talvez esse país seja possível. Mas logo surgem a violência, a pobreza, as crianças abandonadas, a fome, o desemprego, os salários ínfimos, o governo de desmandos, a falta de seriedade generalizada.

É, Vinícius, é preciso devolver o amor para essa cidade, para o País, para o mundo.

3

1968

Era maio ou junho de 1968. Final de tarde chuvosa e fria. Saio com uma amiga do Colégio Brasileiro de Almeida e vamos encerrar mais um dia de aula tomando um chope no Veloso. Lembro bem da roupa que usava – minissaia e um suéter claro de cashmere bem grandão, tomado emprestado do meu pai.

(Anotação esparsa feita em um caderno alguns anos depois)

Quem está sentado no bar da esquina da rua Montenegro com Prudente de Moraes? O "maestro soberano" Tom Jobim. Nós sentadas na varanda; Tom e o fotógrafo Paulo Góes, figurinha carimbada de Ipanema, no lado de dentro. Enlouquecemos, é claro. Tom é famoso e lindo e nós, suas fãs. Tom se aproxima, brinca que eu não tenho cara de quem gosta de chope e fala que minhas mãos são de pianista. Eu, encantada. E acontece o diálogo:

– Você vem muito por aqui? – Tom pergunta.

– Muito. Quando saímos do colégio, passamos por aqui para tomar um chope – respondo.

– Colégio?

– Nós somos professoras do Colégio Brasileiro de Almeida.

(A mãe de Tom, Dona Nilza, é a dona da escola. E o diálogo continua, com Tom incrédulo)

– Ah, é?

– É! Acabei de sair da sala de aula e sua filha Beth é minha aluna.

(Tom tem um ataque de riso incontrolável e arremata)

– Não estou acreditando, é a primeira paquera da minha vida que vira uma reunião de pais e mestres.

Daí em diante a conversa, a paquera e as risadas rolam soltas. Uma delícia! Eu, aos 21 anos, Tom com quase o dobro da minha idade, de repente parecíamos dois adolescentes flertando. Em determinado momento, Tom avisa que iríamos continuar com ele, que precisa ir à casa de Clarice Lispector. Aí quem quase desmaia sou eu. Eu acho Clarice simplesmente o máximo.

Nunca havia imaginado num mesmo dia a possibilidade de estar com Tom e Clarice. E estava acontecendo esse momento mágico, que, de alguma forma, muda a minha vida. Clarice fazia duas páginas para a revista Manchete, *Diálogos Possíveis* (ou seriam impossíveis como o meu encontro?). Clarice não achou a menor graça ao ver as duas moçoilas acompanhando Tom. Entramos mudas e saímos caladas.

Lá pelas tantas, Clarice pergunta a Tom se ele lhe dedicaria um poema como fizera Vinícius de Moraes, uns dias antes. Tom respondeu que não era poeta, mas músico. Se houvesse ali um violão, quem sabe. Minutos depois, pega uma folha de um bloco de papel jornal e para mim escreve:

Teus olhos verdes são maiores que o mar
Se um dia eu fosse tão forte como você
Eu te desprezaria e viveria no espaço
Ou talvez então eu te amasse
Ai que saudades me dá
Da vida que eu nunca tive

Entrega-me o manuscrito assinado, ACJ, que guardo até hoje.

Acho que onde estiver, Clarice continua com raiva de mim, mas isso é um detalhe.

Daí para frente, eu e Tom ficamos amigos. Alguns anos depois, os olhos verdes do poema viraram "morenos" na canção *Lígia* (pena que não foi Lygia com y). Mas isso é outra história longa que fica para outro capítulo.

Meses depois, Tom e Chico ganham o III Festival Internacional da Canção com Sabiá. Eu não conseguia conter o meu entusiasmo. Uma amiga, que sabia da história com Tom, só disse duas palavras: "Lygia, menos". Seria um escândalo se alguém soubesse no colégio. "Jovem professora e compositor mais velho e casado são namorados" – seria uma manchete de jornal sensacionalista.

E nem namorados éramos e nunca fomos, mas o flerte durou toda a amizade. Sempre pairou um clima do não ocorrido.

O que tem Tom com a virada na minha vida depois de 1968? Tudo ou nada, não sei dizer. Intuo, porém, que naquele dia do Bar Veloso eu percebi que havia um outro mundo além da minha casa de Botafogo, da minha turma da rua.

Um noivado acabou e um novo horizonte se abriu.

Hoje não existe mais Tom Jobim, o Bar Veloso virou Garota de Ipanema, a Rua Montenegro se tornou Vinícius de Moraes. *Ipanema era só felicidade*, mas não é mais.

A saudade, porém, continua.

Obrigada, Tom!

4

Vida que segue

Adoro essa expressão. Uso-a com uma frequência espantosa, porque é a mais pura realidade. A vida segue, por mais que você esperneie, chore, grite ou ria. Quando se está no meio do furacão isso não é tão perceptível, mas a *posteriori* tudo fica claro: vida que segue.

No dia do encontro com Tom cheguei em casa de madrugada. Meu noivo me procurava sem parar. Algo bem estressante. É bom lembrar que era uma época pré-celulares. Aliás, pré tudo o que vemos hoje. Podia ter ligado do orelhão? Claro que podia. Mas eu ia avisar que estava com Tom Jobim? Claro que não.

Meus pais no dia seguinte souberam e minha mãe vibrou com o poema. Meu noivo, nem tanto.

Filha de uma família estruturada, amorosa, classe média, encontro namorado entre os meninos da minha rua. Namoro o vizinho de frente, claro. É com ele que vou me casar, isso é uma certeza. O namoro foi longo e o término bem rápido. Ficamos amigos para sempre e um dia, ele me perguntou: você acredita que nós teríamos dado certo? Hesitei, mas respondi: "eu não seria uma boa companheira para você, tomar champanhe eu ia adorar, viajar, sem dúvida alguma, mas você escolheu ter um barco à vela, ser navegador. A chance de eu entrar em um barco é zero". Ele concordou e riu. A vida é curiosa, você só sabe depois que esteve em uma encruzilhada.

Na faculdade, namoro outro e tenho certeza de que vou me casar com ele. Fico noiva.

Depois de 1968, minha vida não seria a mesma, como disse. Foi um ano de revolução dos jovens no mundo, e não posso dizer que participei, não era uma alienada total, porque era alfabetizada, lia jornais, me inteirava do que estava acontecendo, mas era de uma família primeiro udenista, depois arenista e é claro que isso me norteava. Além do mais, estudava em escola católica, conservadora. Hoje vejo em perspectiva que era um pouco alienada, mas não tanto quanto as minhas amigas do Sion, com quem tenho um grupo e frequentemente nos reunimos. Amo todas, mas elas são politicamente de um radicalismo de direita assustador.

Em 1968, não saio às ruas com cartaz de "é proibido proibir", mas faço a minha revolução particular. Continuei noivando por um tempo, mas algo me diz que não haverá casamento mais. E não houve.

Paixão é paixão. Não tem remédio, não tem solução e não tem explicação

Um dia, andando pelas ruas de Botafogo, a caminho da faculdade, vejo uma movimentação enorme em uma casa da rua. É uma turma de cinema. O ator Paulo Porto está por lá. Tio da minha querida amiga Aldinha, Paulo faz parte da minha vida há anos. Ele me apresenta a Luiz Fernando Amaral, que filma o seu primeiro longa-metragem, *A Penúltima Donzela*. No dia seguinte, estou na PUC e quando desço na hora do almoço vejo uma parafernália de câmeras. Momento confessional: tenho uma certa vocação para "papagaio de pirata", frequentemente quando estou em lugares, acontece alguma coisa que não tem a menor relação comigo – uma filmagem, uma reportagem de televisão – e acabo aparecendo. Acontece exatamente comigo naquele início de tarde nos pilotis da PUC.

Passo com a certeza de que não tinha nada a ver com aquela confusão e alguém me chama com insistência. Luiz Fernando pede para eu fazer uma ceninha com Marcelo Albuquerque, que era seu assistente: dois estudantes conversando. Tudo improvisado e engraçado.

Na mesma hora, Luiz Fernando me convida para tomar um chope de noite. Eu aceito encantada.

Nos encontramos no Varanda, um lugar delicioso na Praça Nossa Senhora da Paz, em Ipanema. Conversamos horas e fico absolutamente fascinada por aquele homem, 14 anos mais velho, fotógrafo, diretor de cinema, um dos pioneiros da TV Tupi, onde trabalhara como câmera, com uma vivência enorme, anos morador de Paris, premiado na Espanha...

Ih, caramba!

A primeira vez que vou à casa de Luiz Fernando, também no Leme, me deparo com uma cena de cinema. A porta do apartamento de sala e quarto encantador está entreaberta. Luiz Fernando está sentado em uma poltrona – que permanece na minha casa até hoje – uma luz indireta ilumina o que está lendo: Aristóteles. Se foi uma cena de filme ou tudo verdade, cada um interpreta como quiser. Mas quem não sucumbiria com esse cenário?

Não dá para escapar dessa teia. Paixão é paixão. Não tem remédio, não tem solução e não tem explicação.

Sei que estou completamente encantada com aquele mundo que se anuncia. Aquele cineasta lindo, rei do charme, que, evidentemente, também me acha "interessantinha", porque não faço parte do mundo dele, logo se torna indispensável na minha vida.

Um encontro ótimo, que provocou crise e tristeza para uns.

Luiz Fernando já havia sido casado, tinha um filho, Pedro. Eu continuava noiva. Não havia outra solução senão acabar tudo e começar uma nova vida. Se estava em uma comédia romântica, virou um filme de horror. O noivo não aceita a nossa separação, e sei que sofreu bastante por muito tempo por causa disso. Não é bom ser responsável por uma pessoa se sentir mal, mas o que fazer quando a paixão te envolve completamente? Ainda bem que, passado o tempo, ficamos bem amigos. Não perco ninguém na vida, não perco mesmo, muito menos as pessoas com quem tive um relacionamento amoroso. Nunca perdi namorado algum, todos continuam parte da minha vida. Com ele, não foi diferente.

Vida que segue.

Apaixonada.

> *"Meu casamento com seu avô – Fernando Amaral – foi o máximo. Casei-me em 5 de novembro de 1969. Houve uma festa ótima na linda casa em Botafogo onde morava"*
>
> (trecho do álbum *Histórias de uma Avó*, primeira tentativa de contar a minha história para os meus netos).

Meus pais se ressentem de eu não ter me casado na igreja. Luiz Fernando não quer e usa um argumento forte: não quer fazer diferente do que havia feito na primeira união, para que seu filho pensasse que as duas relações eram igualmente importantes. Visto de longe esse argumento é uma bobagem, mas ele queria dar equilíbrio entre as relações. Casamento na igreja na sua visão seria muito evidente.

Para mim, não fez diferença alguma.

Sou formada na Igreja Católica, acompanhei missas no meu colégio Sion, fiz confissões e comunhões. Para mim, missa boa é com padre de costas e em latim. Mistério é fundamental na religião. É bom não entender nem a metade das simbologias, intenções e ideias. Gosto do silêncio e da penumbra das igrejas. Igreja carismática, para mim, é aeróbica. Não quero ir à igreja para fazer ginástica. Nesse momento de guinada da cerimônia, tiro o meu time de campo. Continuo religiosa, acredito em Deus, e costumo brincar que "quem tá comigo tá com Deus. Estou convencida de que Deus passa metade do tempo cuidando de mim" – como escrevi em um dos meus inúmeros cadernos. Vou raramente à missa e escolho em qual igreja, onde houver padres com sólida formação e que façam trabalhos excepcionais, como o Zé Roberto na Igreja da Ressurreição, bem perto da minha casa.

E não me sinto nem um pouco culpada por não ter casado na igreja.

Nossa lua de mel foi em Corrêas, na casa de sua bisavó Daisy. Pessoa dificílima que, hoje, saberia curtir. Na época foi uma encrenca. Brigamos logo que me casei. Pena!

(escrito em *Memórias de Uma Avó*)

Saí da casa de Botafogo para um apartamentinho no mesmo bairro. Ele larga o charmoso apartamento no Leme em que morava, pois era da sua mãe, e ele não quer que ela nos azucrine, se meta na nossa relação. Embora estejamos perto dos meus pais, eles jamais interferem no nosso casamento, fazem cerimônia, tocam a campainha e aparecem quando os chamo. Hoje, quando penso no passado, só me arrependo de uma coisa: precisei vender meu piano para pagar o depósito do aluguel do nosso apartamento. Desnecessário dizer que Luiz Fernando não tinha essa grana. Você vai entender no próximo capítulo. Podia ter pedido para os meus pais? Claro que podia, mas não me lembro e se não me lembro não o fiz.

Como sou extremamente ligada em música, por muitos anos, pensei no piano. Mas isso ficou no passado.

Naquele momento do presente, 1969, eu sabia bem de várias coisas.

Os meus melhores anos da vida haviam ficado no passado.

Sou agora casada, adulta, jovem, bonita e muito feliz.

E que venham novos anos inesquecíveis.

Vida que segue.

5

Anos inesquecíveis

Luiz Fernando tinha tido uma infância privilegiadíssima em uma família rica paulista. Seus avós eram muito ricos, fazendeiros, até trem passava por dentro das terras deles. A casa tinha governanta, uma alemã, depois uma japonesa. Em determinado momento, o negócio da família quebra, o avô fica sem dinheiro e vem para o Rio de Janeiro com uma mão na frente e outra atrás.

Jovem ainda, Luiz Fernando começou a trabalhar em televisão e, entre outras coisas, foi câmera, dirigiu um programa com Jaci Campos na TV-Tupi, *Noturno*, todo voltado para música clássica, algo interessantíssimo. Em algum lugar existe um depoimento dele sobre esse tempo. Quando Marlene Dietrich veio ao Rio de Janeiro, literalmente se apaixonou por ele, que era bem lindinho, e queria que ele fosse para a Alemanha com ela. Luiz Fernando não foi, não ousou tanto, mas fez fotos deslumbrantes da atriz alemã, que desapareceram. Ele ficou destroçado, com razão, não por ter decidido não ir, mas por haver perdido as fotos.

Em 1965, Luiz Fernando dirigiu um curta, *História de Praia*, premiado no Festival de Bilbao, na Espanha, e que o MOMA, de Nova York guarda uma cópia. É um filme de 10 minutos, com Flávio Migliaccio interpretando um ladrão de praia, perseguido nas areias desertas da praia de Copacabana. Seu primeiro longa, aquele em que fiz uma ponta, *A Penúltima Donzela*, é um filme simpaticíssimo, uma das primeiras comédias urbanas. Ganhei uma cópia do Carlo Mossy, que não sei onde está depois que saiu das minhas mãos e foi emprestado. Uma jovem parente querida me ligou quando viu o filme e me disse uma verdade: "Luiz Fernando foi um pioneiro do feminismo e defensor das mulheres". Realmente o filme tem essa conotação. Adriana Prieto, lindinha e jovem, contracena com Paulo Porto, Djenane Machado e Carlo Mossy.

Luiz Fernando trabalhou também como ator, fez muita publicidade, que dava dinheiro e permitia pagar as contas. Eu fui várias vezes modelo dele nos comerciais. Eu e Antônio Bernardo fizemos várias fotos publicitárias juntos.

Conflitos que angustiam

Luiz Fernando, também criou filmes extraordinários, mas que faziam-no sofrer muito: documentários institucionais no Governo Médici encomendados pela AERP, Agência de Relações Públicas desse período da ditadura, a terrível e triste fase do "Ame-o ou Deixe-o". O regime militar não se sustentava apenas à base de repressão: a censura e a propaganda eram armas importantes.

Ele procurava lirismo em seus filmetes, mas com um imenso conflito interno.

Foi por esse artista encantador e torturado por fantasmas da infância e da necessidade de ganhar dinheiro, em detrimento do seu enorme talento como cineasta, que me apaixonei perdidamente.

Foi com esse homem que tive um filho esperado e amado: Luís.

Sei até o dia em que fiquei grávida em Campos de Jordão, na casa de Márcio Lenz Cesar, empresário e talentoso pianista, primo de Luiz Fernando, que se tornou padrinho desse filho desejado como poucos. Logo depois, Luiz Fernando conseguiu um patrocínio e foi filmar no Sul. Eu estava absolutamente integrada à sua vida profissional. Fui assistente de produção inúmeras vezes, estive a seu lado em várias produções dirigidas pelo Flávio Tambellini, pai do Flavinho, em que ele era diretor de fotografia, enfim, aquele mundo que me fascinou desde o dia em que o conheci passou a ser meu também. Grávida, fiquei três meses em Gramado, quando Fernando dirigiu Gaudêncio, o Centauro dos Pampas, que virou cult e a farra foi incrível. Paulo José, Dina Sfat, José Lewgoy no elenco, quem pode querer mais? Depois desse tempo na serra gaúcha, continuei muito ligada à Dina e Paulo. José Lewgoy foi *hors concurs*, uma pessoa que se tornou fundamental na minha vida.

Lewgoy, meu amado, querido, companheiro de mesa nos bares e na minha casa, porque jantava lá quase todas as noites. Ele dizia que era apaixonado por mim e que não gostava do meu nome. Para ele, eu tinha cara de Júlia, e assim ele me chama sempre. Ele gosta de cozinhar e de vez em quando me pede para chamar os amigos porque fará um picadinho. E, ai de mim, se entrar na cozinha, porque ele não quer ensinar a ninguém o pulo do gato do prato que era realmente delicioso.

Lewgoy era rabugento, mal-humorado e deliciosamente amoroso. Nossas noites na Fiorentina, o ponto de encontro dos artistas no Rio, serão sempre inesquecíveis. Era a glória infinita frequentar o lugar, que não fechava nunca e onde a patota de sempre se reunia: além de Lewgoy, Edu da Gaita, Murilo Nery, Jorge Dória, que tinha sido amigo do meu pai e que reencontrei na noite carioca. Saudades jamais apagadas e eternas!

O filho desejado

Minha barriga crescia mais ainda depois de Gramado. Meu tio querido, Armindo Sarmento, ginecologista com quem eu tinha nascido, acompanhou a minha gravidez e fez o parto. Tive uma gravidez sem problemas, e como foi em outra época, era esse o conselho do médico: "Lyginha, reduz o cigarro nesses meses, só 10 por dia". Hello! Dez cigarros! Delírio absoluto. Não parei de fumar e de beber na gravidez, era normalíssimo na época. Fiz questão de ter parto normal, embora Armindo me alertasse que, se alguma coisa desse errado, faria uma cesariana. Não foi preciso. Imagino o que ele acharia hoje das mulheres que marcam a data de nascimento dos filhos baseadas em horóscopos, festas que desejam ir ou outro motivo fútil.

Luís nasceu de parto normal: não era um bebê gigante, mas absolutamente dentro dos padrões. Perfeito. Marido não via filho nascer – outra coisa da época. Quem assistiu o parto foi minha mãe, que comentou: "tive seis filhos, mas esse é o primeiro que vejo nascer". Ela estava feliz e elétrica, bem bacana. Quando fui para o quarto decretei: "meu reino por uma coca-cola". E fui atendida, embora minha mãe estivesse um pouco surpresa com aquele pedido. "Mãe, tem um tipo de sede que somente coca-cola mata". Tão de época também.

Luís nasce às 18.40. Luiz Fernando foi vê-lo logo, com um ar assustado, embora já tivesse passado pela experiência. Fica encantado, também.

Luís nasce, nasce uma mãe culpada – como todas que conheço. Acho que fui uma mãe inteiramente relapsa. Verdade que tive uma empregada sensacional, que foi fundamental na vida do Luís: Cecília. Ela fez por muitos anos coisas que eu jamais faria, mesmo me sentindo culpada. A chance de eu ir ao Maracanã, com a camisa do Botafogo, por causa de filho era zero. Cecília ia e adorava, com bandeira em punho.

José Lewgoy foi fundamental, também, na primeira infância de Luís. Ele era apaixonado por crianças, tinha sobrinhos que moravam no Sul e ele amava-os muito. De certa forma ele transferiu esse amor para o meu filho, um bebê lindo. Eu me lembro do dia em que cheguei em casa, Lewgoy estava afundado no sofá e me recebe com as seguintes palavras: "quero dizer para a senhora que seu filho está andando. Começou hoje". Não é uma maravilha?

De novo, que saudades!

Ah, os atos falhos

A relação de Luiz Fernando com Luís não era fácil: amorosa, mas distante, que somente o tempo fez com que mudasse. Luiz Fernando, por exemplo, jamais conseguia se lembrar do dia do aniversário de Luís: dia 4 de junho. Isso me irritava de uma maneira absurda. Só fui descobrir muito tempo depois, o motivo desse repetido esquecimento. Freud puro.

O avô de Luiz Fernando, Luizito, o que perdeu tudo o que tinha, em um dia 4 de junho se desespera, se levanta da mesa na hora do almoço e dá um tiro na cabeça. Luiz Fernando demorou anos para perceber a origem do seu esquecimento. Quando me contou a história, pude entender a razão daquilo que me irritava há tanto tempo.

Outro motivo de tensão, era a relação de Luiz Fernando com a sua mãe, Dayse Amaral Marinho da Cunha (olha ela, de novo, agora com nome e sobrenome!), uma pessoa autoritária, insuportável (que Deus a tenha!). Alguém que poderia ter sido interessantíssima, mas não soube lidar com a vida que almejara. Tocava violão, compunha e era parceira de alguns compositores conhecidos, que apaguei da minha memória, claro! Tinha um pé na boemia, inteiramente reprimido pelo segundo marido – do pai de Luiz Fernando ela havia se separado muito cedo, foi uma pioneira do divórcio.

Era malvista na sua cidade no interior de São Paulo: nos anos 1930, dirigia, fumava e era desquitada.

Tinha tudo para ser uma pessoa legal, mas não foi.

Ela queria manipular, mandar e desmandar na vida de Luiz Fernando e na minha, consequentemente. Afinal, eu era muito jovem e ela teve certeza: "Agora chegou a minha vez de dominar o território". Batemos de frente desde o primeiro momento. Não foi ela, porém, o motivo da nossa separação. Digamos que ela adicionou sal e pimenta, mas não a ponto de estragar tudo.

A dor é minha em mim doeu
A culpa é sua o samba é meu
Então não vamos mais brigar
Saudade fez um samba em seu lugar

Saudade Fez um Samba (Carlos Lyra e Ronaldo Bôscoli)

Eu e Luiz Fernando nos casamos em 1969; em 1973 nos separamos.

Um dia, meu filho me perguntou por que nós havíamos nos separado se nos gostávamos tanto. Ele tinha razão em perguntar porque eu e Luiz Fernando fomos amigos até a sua morte. "Eu acho que hoje, com a cabeça que tenho agora, eu não me separaria nunca dele" – foi a minha resposta imediata. E continuei: "Na época eu tinha 20 e poucos anos, você apenas dois. Um dia seu pai me dava um Fusca de presente; no outro, a luz era cortada por falta de pagamento e não consegui viver assim."

Essa "porralouquice" é clássica nos anos 1970. O próprio meio do cinema permite essa glamourização da vida, esse contraste absurdo entre o feijão e o sonho. Luiz Fernando vive no mundo da lua, não é à toa que os amigos lhe deram o apelido de Gagarin. Muita gente tem certeza de que vai morrer jovem e não precisa se preocupar com o futuro. Nunca fui assim, meu pé sempre esteve fincado no chão. Eu não aguentava esse cotidiano de não ter dinheiro para comprar arroz. Não bate com meu temperamento. Posso ter dado guinadas na vida, mas basicamente sou a mesma pessoa.

Eu trabalho, mas sou professora em um só colégio, e não recebo muito. Luiz Fernando, apesar dos acessos de insensatez, também se angustia – aliás a aflição pela infância em berço de ouro, a relação conflitada com a mãe e a necessidade de ganhar dinheiro porque tinha uma família estão presentes diariamente.

A incapacidade de resolver essas questões, também.

Em um momento percebo que é hora da virada. Nós nos separamos. Não é fácil. Luiz Fernando fica supermagoado. Eu também fico péssima, sem saber como vou lidar com a vida. Nem voltar para a casa dos meus pais eu posso. Nessa altura, sabiamente, meus pais moram em um apartamento pequeno, provavelmente para nenhum dos filhos ameaçar voltar, uma molecagem irresistível depois de tantos anos sustentando seis filhos.

Vida que segue.

Luiz Fernando não se casou de novo, teve várias namoradas, viveu os efervescentes anos 1970, onde rolava de tudo, as pessoas ficavam juntas enquanto estava bom, se não desse nada, ninguém se matava por isso. Eu fiquei pelo meio do caminho nos famosos anos da loucura: droga não me interessava, experimentei maconha, foi até interessante, fiquei pensando o tempo todo em Clarice Lispector, ouvia o barulho do mar, mesmo morando de fundos a duas quadras da praia, mas não era a minha mesmo. Até hoje tenho amigos que fumam. E dão risada quando digo: qual é a graça de lamber papel, fumar e ficar lerdo? Cheirar, nem pensar, não passei nem perto. Sexo, é claro que aconteceu, ora estávamos nos anos dourados de não correr risco de gravidez indesejada, mas logo me casei de novo.

Nossa, como a minha cabeça voou longe.

Voltando para a Terra, separação, câmbio.

Luís manteve uma relação boa com o pai, especialmente porque Luiz Fernando morava em uma coberturazinha no Leblon, e os filhos adoravam ficar lá. Casa de pai solteiro é bem melhor do que casa de mãe.

Eu e Luiz Fernando ficamos amigos para sempre.

Ele continuou sendo irresponsável com dinheiro, é claro. Uma vez estava tão atolado com dívidas no cartão de crédito que me pediu ajuda. Paguei o cartão, mas com uma condição, que ele me entregasse para que eu pudesse picá-lo em pedacinhos. Tratei a situação como uma mãe faria com filho pequeno.

A morte e o cemitério perfeito

Quando ele recebeu o diagnóstico de câncer, me chamou para conversar. "O caranguejo me pegou" – foi a sua frase, enquanto me mostrava as imagens do exame de pulmão. Ele não sabia o que fazer, estava muito duro e sem plano de saúde. Uma amiga conseguiu interná-lo no hospital público Pedro Ernesto. Antes de ir para o hospital, me entregou uma pastinha, onde estava anotado tudo que ele devia e para quem. Ao lado do meu nome havia três interrogações. "Eu te devo tanto, que nem sei quanto" – explicou. Achei melhor mesmo que ele não tivesse anotado, assim nem saberia o que eu havia perdoado. "Esquece, deixa rolar".

Eu levo-o para o hospital e no caminho ele me pede algo inusitado: "liga para Marília Carneiro caso me aconteça o pior, ela vai saber exatamente porque peço isso, ela sabe o assunto, garanto".

A cirurgia não corre bem, Luiz Fernando entra em coma e acho que é chegado o momento de ligar para Marília. "Ele me pediu para conversar com você" – expliquei. E ela esclarece que Luiz Fernando quer ser enterrado em uma cova rasa em um cemitério em Guaratiba, onde a TV Globo costumava gravar. Eu nem sabia que existia o tal Cemitério da Ilha. Guaratiba não é uma ilha, mas o nome surgiu porque o dono das terras, onde se localiza o cemitério, se chamava William e o povo da terra só o conhecia por Seu Ilha. Não é curioso?

Eu e Marília fomos ao cemitério, que é bem pequenino. Converso com o senhor que trabalha lá, porque estava intrigada com a tal da cova rasa, para mim é um lugar onde se enterram indigentes e bandidos. "Onde está o corpo" – indaga o senhor, que ficou absolutamente surpreso ao saber que não havia corpo algum, pelo menos naquele momento. Combinamos que, "quando acontecer, a senhora traz o corpo aqui sem problema algum".

Estranho pensar que Luiz Fernando será um corpo.

Luiz Fernando fica 15 dias em coma. Uma noite me liga o médico e diz que a situação é irreversível e que normalmente ele faria um pedido de doação de órgão, mas no caso do Luiz Fernando não será possível, porque pacientes com câncer não podem ser doadores. Aprendi nesse dia algo que nunca soube.

"É questão de horas".

Na madrugada, Luiz Fernando morreu.

Corro para apressar os procedimentos funerários. Um homem me pergunta se eu trouxe uma roupa. Isso nem passou pela minha cabeça. Vejo que Luiz Fernando está envolto em um lençol azul-clarinho, algo absolutamente limpo, digno, simples. "Vai ser assim, enrolado no lençol" – decido para quase indignação do papa-defunto.

Meu Deus, quem inventou esse nome?

E lá fomos nós para o Cemitério da Ilha – que você jamais imaginará como é a cara do Luiz Fernando. Lá não existe compromisso com o tempo. O velório pode durar até cinco horas, lá não há pressa. Ninguém acelera o passo. O caixão fechado com o corpo fica em uma grande mesa de mármore, embaixo de uma jaqueira deslumbrante. Um velório cinematográfico, sem dúvida. Gente querida aparece, Paulo José, Domingos de Oliveira e tantos outros que souberam nem sei como. Quem pôde, apareceu.

É suave, bonita e lírica a partida de Luiz Fernando – exatamente como ele queria. Ele fica em uma cova rasa, que só no momento entendo o que é: enterrado na terra, simples assim. Luiz Fernando escolheu um cemitério que combinava com ele, e, ainda bem, que fiz tudo o que ele pediu. Isso não diminui a tristeza, mas consola.

Anos depois, no enterro do meu pai, relembro aquele momento de delicadeza e suavidade. Quando é hora de baixar o caixão, vemos aranhas na cova. Que nojo! Meu pai merecia estar também no Cemitério da Ilha.

Não tenho medo de morrer. Só não quero morrer agora, mas, decididamente, não tenho uma boa relação com a morte. A ideia de nunca mais ver a pessoa me é excruciante, a constatação inequívoca de que nunca mais conviverei com alguém que amo, me faz mal. E a verdade é que, depois dos 70 anos, isso fica cada vez mais constante: eu não tenho mais meus pais, minhas tias, maridos e todo dia sei de algum amigo que está com data marcada para morrer – nunca, mas nunca mesmo vou me acostumar.

E nem quero.

6

O outro Fernando

Fernando Sabino ia odiar esse título.

Vaidoso, egocêntrico e egoísta não admitiria ser o outro em nada. Com ele vivi 19 anos. Foi um casamento bom? Claro que foi. Até deixar de ser. Quando nos separamos, ele retirou todas as referências ao meu nome em seus livros, cortou relações, me mandava bilhetes desaforados em vez de conversar comigo, tornou a minha vida um verdadeiro inferno. Já contei que me sugeriram que eu escrevesse esse livro como uma vingança. Mas não é isso que quero. Minha vontade é somente contar o que vivi. Para toda história existe o fato e várias versões.

Eis a minha.

Encontro Marcado

Conheci Fernando muito antes de ter uma relação amorosa com ele. Foi em uma feira de livro infantil no Colégio Souza Leão, onde dava aula. Ele ostensivamente me paquerou, embora ainda estivesse casado na época. Eu estava completamente apaixonada por Luiz Fernando e nem dei bola. Eu me lembro que ele usou alguns artifícios para continuar a paquera.

Naquele dia, Fernando me convidou para dar uma passada em seu escritório na Rua Canning, em Ipanema, porque queria me dar um livro.

Estamos nos anos 1970, podemos não querer dar, ter um caso, mas não deixamos uma história se perder.

Nem que seja para ser contada em livro anos depois.

Minha avó morava na esquina da Canning e pensei: "posso matar dois coelhos com uma só cajadada". E seguindo adiante nos velhos clichês: "quem poupa tem", ou como Gilse Campos adora dizer, "quem tem um, não tem nenhum".

Fui. Conheci o escritório, mas não rolou absolutamente nada, avisei logo que estava namorando firmíssimo. Cruzei com ele duas ou três vezes após esse encontro depois que me casei com Luiz Fernando. Afinal, convivíamos no mesmo mundo.

A mulher do vizinho

Quando fui morar no Leblon, em um apartamento gracinha na Venâncio Flores, porque o de Botafogo estava pequeno, especialmente porque Pedro, filho de Luiz Fernando, veio morar com a gente, descobri que meu vizinho era o grande psicanalista Hélio Pellegrino. Um dia, grávida, fiquei presa no elevador e fui salva pelo vizinho. Essa história do salvamento entrou para a história. Tempos depois, vou ao consultório de Hélio, porque estava pensando em fazer psicanálise e ele preferiu ficar "como o que te salvou do elevador" em vez de mexer com a minha cabeça.

E onde Fernando Sabino entra nessa história?

Ele morava também na rua Venâncio Flores, no número 100, um pouco adiante. E Hélio, anos depois, me contou que a vida dele virou um inferno desde o dia em que Fernando descobriu que eu morava no mesmo prédio e decidiu visitar

Hélio com uma frequência absurda, "só para ver se via você". E continuava a história: "e eu dizia para ele, deixa a moça em paz, ela é casada com o vizinho". Virou uma brincadeira recorrente depois, nos tempos em que era casada com Fernando. Hélio provocava "cadê a moça?" e recontava a história. E ríamos juntos.

Bons tempos quando era possível rir.

Depois que Fernando se separou da sua segunda mulher, Ana, e eu, de Luiz Fernando, passamos a nos ver mais. Começamos a namorar e nessa época aconteceu algo incrível, que mudou a minha vida para sempre. Desde o encontro em 1968 eu continuei a encontrar Tom ocasionalmente. Eu e Luiz Fernando chegamos a ir um dia em sua casa na Rua Codajás, no Leblon, para levar uns amigos, que eram loucos para conhecê-lo.

Vida que segue.

Um dia, Tom volta de uma longa temporada nos Estados Unidos, e faz uma reunião em sua casa com amigos, dentre eles, Eliana, filha de Fernando. Tom diz que está com muitas saudades do pai dela, eles são muito amigos, especialmente porque Fernando foi responsável por ter colocado Tom no avião para o famoso show do Carnegie Hall, que lançou a bossa nova para o mundo. Eliana dá o meu número do telefone e diz que com certeza o pai estará lá. Tom liga. Eu atendo, ele pergunta por Fernando. Estranho a voz por um segundo, reconheço no segundo seguinte:

– Quem está falando? – pergunto só para confirmar.

– É o Tom.

– Oi, Tom, aqui é Lygia.

Tom gagueja, sem entender como eu estava inserida no contexto, para usar uma expressão dos anos 1970.

– Poxa, Lygia, me deram esse telefone...

– Vou passar para o Fernando.

Ouço a conversa de longe, entendendo o que estava acontecendo:

– Tonzinho, não vai dar, Lygia está com criança pequena, não podemos ir aí hoje não.

No dia seguinte, Tom liga para o escritório de Fernando.

Acho que é hora agora de parar a história e passar para outro capítulo. Às vezes penso que se contar tudo da minha vida em um livro, ele teria 4750 páginas. Garanto, porém, a você que segue comigo lendo, que serei o mais concisa possível, mas essa história do Tom Jobim merece capítulo especial.

7

Como me tornei musa

Eu nunca sonhei com você
Nunca fui ao cinema
Não gosto de samba não vou a Ipanema
Não gosto de chuva nem gosto de sol

Lígia (Tom Jobim e Chico Buarque)

Eu só imagino a cena, pois lá não estava. E como conheço bem os personagens envolvidos, tenho certeza de que minha imaginação e os relatos esparsos não me traem. Fernando está em seu escritório quando Tom liga. Provavelmente ele jogara fora o papel que Eliana lhe dera na noite anterior. Segue o diálogo:

– Qual é mesmo o telefone da Lygia? – pergunta o maestro.

– Para que você quer o telefone da Lygia? – responde Fernando enciumado.

Acho que nesse momento caiu a ficha de que havia algo entre mim e seu amigo querido. Tom gagueja mais uma vez.

– Porque eu posso querer falar com você quando estiver na casa dela.

Fernando, que provavelmente não tinha nada a fazer naquele momento, espantou o ócio dando o número errado para o Tom.

E quando eu lhe telefonei, desliguei foi engano
O seu nome não sei
Esqueci no piano as bobagens de amor
Que eu iria dizer, não ... Lígia... Lígia

Não satisfeito, Fernando liga para o número que deu para o Tom e atende uma velhinha. Sempre atende uma velhinha quando é engano, não é mesmo? Fernando avisa que Tom Jobim vai ligar. Não sei se ela sobreviveu a essa informação. Essa brincadeira rolou anos na roda de amigos. Fernando, não satisfeito, pede que ela dê outro número para Tom. Outro número errado.

E tudo isso aconteceu: Tom ligou duas vezes e ouviu que era engano. Isso é a verdade que colocou na letra. Nos outros versos ele desmente tudo que se refere ao clima que vivêramos: chuva, chope gelado, andar na praia, sempre estar em Ipanema e gostar de samba como poucos. Acho que ficou com medo de uma represália do Fernando.

Eu nunca quis tê-la ao meu lado
Num fim de semana
Um chopp gelado em Copacabana
Andar pela praia até o Leblon

Tom não me disse na época que compusera uma música para mim, mas tive uma intuição e a confirmação no mesmo dia. Eu me lembro de abrir o jornal e em uma diagramação muito interessante, com linhas diagonais havia escrito: Tom Jobim; Eu nunca sonhei com você; Lígia, Lígia; Nunca fui ao cinema. Óbvio que me chamou atenção, afinal para mim sou a única Lígia do mundo, vamos combinar. Pensei: sou eu. Na mesma noite eu e Fernando estávamos no Antonio's e chega uma figura carimbada do Rio de Janeiro, o jornalista Tarso de Castro – complicado, controverso e provocador, mas que comigo sempre havia sido adorável. A primeira coisa que disse, se dirigindo a Fernando:

– Pô, que molecagem que o Tom fez com você.

– Tarso, não sei do que você está falando – Fernando respondeu já meio irritado.

– O Tom te deu um baita troco. Quem mandou você dar o telefone errado da Lígia?

Minha intuição não estava errada. Fiquei sabendo naquele momento. Fernando também, o que o deixou transtornado pelo resto da vida. Falar na música *Lígia* (podia ter sido com y, insisto) foi sempre motivo de ciumeira e confusão. Em cada lugar que entrávamos e a música tocava, Fernando tinha ganas de espancar todo mundo. Ele sofria por Tom ter tido essa paixão impossível por mim e que, talvez, nem fosse tão impossível assim. De fato, a música *Lígia* é o maior presente que Fernando me deu. Se ele não tivesse dado o telefone errado, talvez Tom jamais tivesse escrito a música. Quem saiu ganhando fui eu, que virei musa de uma música linda, gravada por dezenas de pessoas pelo mundo. Tenho um CD, que ganhei de presente de uma pessoa querida, com 36 versões de *Lígia*. João Gilberto, por exemplo, cantando em um espetáculo no Teatro Municipal. Eu estava na plateia e foi das emoções mais fortes que senti, porque ele se calava na hora do meu nome e toda a plateia cantava Lígia...Lígia. Joe Anderson também fez uma gravação excepcional da música

É quando eu me apaixonei
Não passou de ilusão, o seu nome rasguei
Fiz um samba canção das mentiras de amor
Que aprendi com você
É... Lígia... Lígia

Entre mim e Tom houve um pacto de silêncio. Tom permaneceu por anos sem entregar o jogo que eu havia inspirado a música. Alguém me perguntou se poderia ser para que sua mulher Ana não ficasse com ciúmes. Claro que não, conheci Tom quando Ana estava no quinto ano primário. Mais fácil ele não querer se indispor com Fernando. E, também, porque nunca tivemos realmente uma história, foi um flerte que tivemos ambos o bom gosto de não tocar esse barco e não é da conta de ninguém os detalhes da nossa relação.

Embora todo mundo que viveu os anos 1970 em Ipanema soubesse que eu havia inspirado a música, Tom só assume de verdade depois que me separo de Fernando. Até um crítico um dia escreveu: "Tom não se define, até o olho de Lígia varia de cor". Tom preferia dizer em entrevistas que Lígia era "uma mistura de todas as moças que não tive. As namoradas que não namorei", que era uma excelente e inteligente saída.

Um dia ele resolveu assumir: nós nos encontrávamos na Cobal todos os sábados. Como eram boas as tardes com música e bebidinhas na Cobal do Leblon! Era uma farra, dali, emendávamos para um almoço na Churrascaria Plataforma. Em um desses sábados, Tom passa a me apresentar como Lygia, a da música, exatamente para uma xará minha, irmã de um gerente de banco que era nosso amigo e emprestava dinheiro para todos. No fundo, todas as Lígias do mundo (com y e com i) se sentiram homenageadas. Os olhos morenos (que nem são, pois são claros) ganharam uma dona. Aliás, há duas versões da letra de *Lígia*. Os últimos versos, exatamente os que falam dos olhos morenos, segundo dados do Instituto Tom Jobim, foram criados por Chico Buarque, que gravou Lígia, em seu álbum *Sinal Fechado*, de 1974. Na época nem sabia disso direito, porque nunca ninguém explicou, nem mesmo o Tom. Também nunca me ocorreu perguntar a ele. Para quê?

E quando você me envolver
Nos seus braços serenos eu vou me render
Mas seus olhos morenos
Me metem mais medo que um raio de sol
É... Lígia... Lígia

Miéle, outro grande amigo querido, gostava de cantar *Lígia* em seus espetáculos. Nunca comentei, mas ele sempre quis ter um caso comigo, o que não é uma grande vantagem, porque Miéle cantava até as flores do seu camarim, em especial as orquídeas. Ele cantava – e bem – a música e depois contava a história à moda dele, com muito humor.

Sempre faz sucesso, mesmo depois de quase 50 anos o fato de eu ter inspirado uma música tão linda. Num primeiro momento talvez o fato de ser sempre lembrada como musa de Tom Jobim, tenha me incomodado um pouco. Tenho uma carreira como professora, profissão que exerci por anos, tenho uma trajetória na área cultural do Rio de Janeiro (vou falar muito disso ainda), mas hoje, com o filtro do tempo, com a maturidade, sei que muitas pessoas são carinhosas comigo exatamente por essa trajetória.

E outras gostam de mim de graça porque fui musa de Tom Jobim. Não posso reclamar. Um dia, fui buscar junto com meu filho a minha neta Sara na casa de uma amiga. Quando me apresentei e disse o meu nome, a dona da casa, mãe da amiguinha, disse: "nossa, como aquela música maravilhosa do Tom Jobim?" Para minha surpresa, porque meu filho é bem *low profile*, Luís riu e disse: "é ela, conta a história, mãe". Foi uma comoção familiar, o marido se aproximou e disse que achava Tom Jobim o maior gênio de todos os tempos. Fizemos fotos todos juntos para que ele mostrasse para os amigos. Enfim, uma situação maravilhosa, mais uma que a condição de musa me proporcionou ao longo dos anos.

Hoje sei que é ótimo ter inspirado nada menos do que o mais importante músico e compositor brasileiro. Sou apaixonada por Chico Buarque, mas sei que Tom Jobim está um degrau acima de todos os outros.

Fica o meu tributo ao Tom nesse livro:

Se todos fossem
Iguais a você
Que maravilha viver
Uma canção pelo ar
Uma mulher a cantar
Uma cidade a cantar, a sorrir, a cantar, a pedir
A beleza de amar
Como o sol, como a flor, como a luz
Amar sem mentir, nem sofrer
Existiria a verdade
Verdade que ninguém vê
Se todos fossem no mundo iguais a você

Se todos fossem iguais a você (Tom Jobim e Vinícius de Moraes)

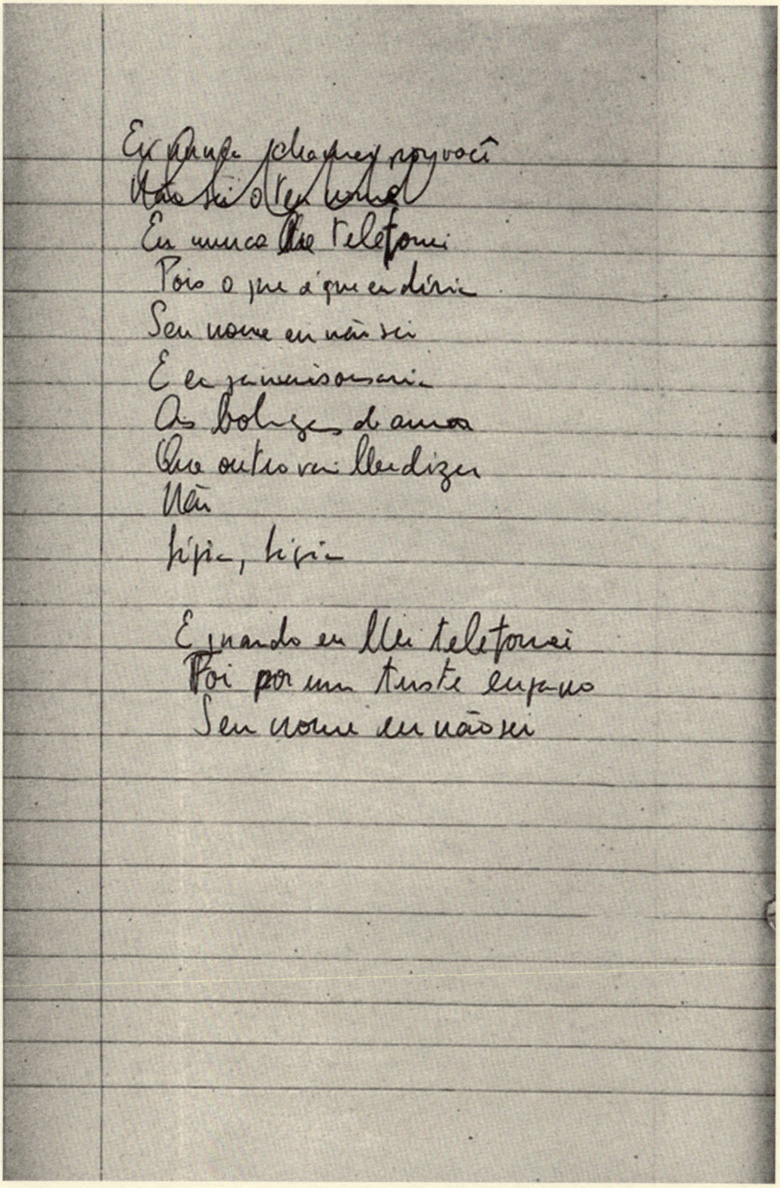

Manuscrito de Tom Jobim, o primeiro esboço da letra de Lígia.
(Instituto Antonio Carlos Jobim– www.jobim.org)

8

A vida com Fernando Sabino

23 de junho de 1993

O que me fez ficar tanto tempo em uma relação? Porque sufoquei tanto o que tive vontade de gritar várias vezes, sempre cedi, procurei conciliar, aguentei barra de filhos, problemas e queixas de todos os tipos. Brinquei de Mulher-Maravilha. Cheguei a achar que era mesmo e que seguraria essa onda para sempre. Não dá. Viver é muito perigoso e por isso mesmo é tão fascinante...

Se minha vida fosse um filme, ele talvez começasse comigo escrevendo essas linhas. A partir daí seguiria um enorme *flash back* sobre um casamento de 19 anos. Então, façamos assim. Você já sabe o final, mas quero que você conheça a minha história, o meu filme *A Vida com Fernando Sabino*.

Nosso namoro começou logo depois da minha separação. E virou casamento também pouco tempo depois. Nunca moramos juntos, mas éramos realmente casados. Não houve uma decisão de morar separados, simplesmente aconteceu.

Fernando tinha um apartamento na Rua Canning, um pequeno misto de escritório/casa. Eu tinha uma criança pequena, empregadas, babá e não ia caber na casa dele, e Fernando também não ia achar a menor graça nisso. Ele já tinha sete filhos, e gostava de dizer que se morasse em um apartamento maior, pelo menos metade dos filhos iria querer morar com ele. A relação dele com os filhos era complicada, delicada, nenhum filho dormiu em sua casa nunca e os mais novos se ressentiram disso.

Eu me dava bem com seus filhos. Os quatro primeiros de seu casamento com Helena Valadares, Eliana, Leonora, Pedro e Virgínia, já cuidavam de sua vida e era mais fácil uma convivência amistosa. Hoje não é bem assim. Mandei um deles à merda, e ele deve ter ido. Mas isso é só um detalhe, que talvez conte depois. Com os três menores, Verônica, Bernardo e Mariana, do segundo casamento de Fernando com Anne Beatrice Estill, convivi mais, eram adolescentes, cada um com seus percalços típicos da época. Três boas figuras. Todos os filhos brincavam com a ausência do pai, no maior bom humor. Leonora por exemplo dizia: "Papai, faz tempo que você não vê meu filho Gabrielzinho". E todos riam porque ela não tinha um filho com esse nome. Essa foi uma brincadeira recorrente, porque cada vez se falava um nome novo, por alguns segundos Fernando hesitava. De vez em quando ele se justificava dizendo que teve os primeiros quatro filhos quando era muito jovem e que preferiu transformá-los em amigos.

Era uma boa maneira de tirar o time de campo. E, afinal, todos sabem, pai não tem de ser amiguinho dos filhos. Não é o seu papel.

Não quero falar muito nisso, porque ele não está aqui para se justificar ou explicar. Mas era o que via e sentia.

Um dia me perguntaram por que eu não tinha tido filhos com Fernando. Respondi na lata: "porque não sou maluca, ele já tem sete, suficiente". No entanto, Fernando foi uma enorme referência para o meu filho Luís, que era ainda muito pequeno – não nego e tenho admiração por tudo que ele fez pelo meu filho. Fernando gostava muito de Luís quando criança e esse carinho permaneceu para sempre.

Em nossa casa havia um bar, e gostávamos de conversar ali. Às dez da noite eu ia dormir e no dia seguinte ele me dizia, com um orgulho especial: "Sabe a que horas seu filho me deixou dormir? Três da manhã. Ficamos conversando, conversando, um papo bem intelectual. Luís é um cara inteligente, com raciocínio rápido, então a conversa rende". Fernando foi muitíssimo importante na formação do meu filho. Ele amava Luís, e era recíproco.

E por vezes penso que os filhos realmente de Fernando nunca souberam o pai que tinham.

Esse esquema de casas separadas só funcionou porque eu morava muito perto dele. Bastava ele atravessar a Praça General Osório e estava no meu apartamento. Para mim, foi e sempre será o ideal de uma vida conjugal. Não era econômico, porque eram duas contas de luz, gás e telefone. Nunca colocamos no papel um planejamento, mas acabamos encontrando um acerto: o básico havia na minha casa. Sempre gostei de uma casa estruturada, funcionante, onde se possa abrir a geladeira e encontrar comida dentro. Conheço muita gente que ao abrir a geladeira encontra água e banana podre.

Sempre fui obcecada pela casa própria. Para muitos é uma obsessão burguesa, mas estou me lixando. Sempre quis um teto meu. Há quem diga que é loucura imobilizar dinheiro. Os jovens, especialmente, adoram dizer isso. Mas eles ficarão velhos. Eu adoro imobilizar dinheiro. Esse desejo de comprar o próprio imóvel herdei do meu pai, que só conseguiu depois de muito tempo. Eu comprei financiado um apartamento em Laranjeiras, bairro também da Zona Sul carioca, mas, para o meu gosto, muito longe de Ipanema. Na época do meu casamento com Fernando, eu morava no sétimo andar de um prédio na Visconde de Pirajá e ele sempre dizia: "quando eu puder, acho que devia comprar esse apartamento para você". Fiquei com essa ideia na cabeça, e quando encasqueto vou em frente, mas avisei Fernando, "não quero esse apartamento, não, quero o de cima". O apartamento estava fechado por causa de um inventário que não desatava e eu já tinha ido lá, xereta que sempre fui, e descobri uma vista do mar deslumbrante. "Você está doida" – Fernando comentou entre risos. "Eu quero o de cima, e isso é só um comentário" – afirmei.

Vida que segue.

Um dia o porteiro interfona, na hora do jantar, e avisa que o proprietário do 802 quer falar conosco. Sincronicidade absoluta, isso acontece demais na minha vida, estar no lugar certo na hora certa. Pois bem, o inventário tinha acabado e o dono ofereceu o apartamento por um preço bem razoável. Fernando acabara de lançar A Faca de Dois Gumes, que fez muito sucesso, e tinha quase no bolso a quantia. Eu havia vendido meu apartamento de Laranjeiras e com o dinheiro fiz uma obra colossal. Fernando não participou de nada: "obra é sinal de confusão, obra dá briga, obra ninguém se entende". Eu, que adoro uma obra, quebrei parede, fiz suíte, mudei a cozinha, enfim uma grande transformação.

Essa foi o grande saldo financeiro da nossa relação: ter meu próprio apartamento onde queria e exatamente como queria.

16 de março de 1994

Cheguei ao meu limite de convivência nesse prédio. (...) Todo mundo está dando a maior força. Vai dar certo!

Anos depois o vendi e comprei o que moro até hoje.

O Companheiro de Viagem

Com certeza a herança emocional, emotiva e amorosa de Fernando foi a paixão por viagens.

Fernando foi um ótimo companheiro, ele que me iniciou no que hoje mais gosto de fazer: viajar. Metódico, sabia como ninguém fazer um roteiro. Vale dizer aqui algo estranho: eu nunca havia pensado em viajar. Só entrei nessa fissura que me persegue até hoje depois da primeira vez que embarquei. Na minha primeira viagem ao exterior fomos a Teerã. Quem vai pela primeira vez para fora e acaba no Irã?

Sou ou não uma pessoa privilegiada? É assim que me sinto sempre que reviso a minha vida.

Nós viajávamos por vários motivos, um deles as inúmeras feiras internacionais de livros. Outro e mais importante, por mero prazer. Fernando sempre queria voltar a Londres, onde morara; a Nova Iorque, que amava, e através dos olhos dele, se tornou "a minha cidade", até hoje me sinto em casa quando chego lá. Colecionamos histórias deliciosas dos tempos em que éramos bem felizes, mais até do que a maioria de casais que conhecíamos. Uma vez, em uma viagem por Portugal e Espanha, quando estávamos no Porto, alugamos um carro para ir até Santiago de Compostela. Tínhamos um encontro marcado – sem trocadilhos, creia – com Celestino, um português bilionário sogro de João Jorge, filho de Jorge Amado. Adoramos Santiago, passeamos, nos divertimos, achamos a cidade linda. Para ir à Caniçada, onde encontraríamos Celestino, Fernando sugeriu que levássemos uma malinha, com duas mudas de roupa para cada um. Seria mais prático. Com certeza. Na hora de ir embora, peguei minhas coisas, coloquei na mala. Quando chegamos à Caniçada (tenho vontade de voltar nesse lugar, porque é muito lindo), fomos para uma pousada deslumbrante, Fernando abre a mala e perplexo pergunta: "Cadê as minhas roupas?". Eu só respondi um simples "não sei". Não sei é do caramba. Eu nunca havia cuidado de roupa de homem. "Eu não estou acreditando" – foi a sua resposta. Só isso, não houve um problema, a história virou motivo de gargalhadas, piadas e sucesso nas rodas. A bem da verdade, país pequeno, banqueiro rico, Celestino mandou um estafeta buscar as roupas de Fernando em Santiago.

E tudo acabou bem. Muito bem, como em outros momentos do nosso casamento.

Um dia, contei essa história em uma roda de mulheres de escritores amigos de Fernando, todas mais velhas do que eu, que me olharam com uma certa estranheza. Sempre ficava na roda masculina, o que incomodava. Nesse dia estava na rodinha feminina, e uma dizia que havia comprado camisas para o marido, porque ele andava malvestido e eu, sem piscar, contei o episódio da mala sem roupas do marido.

Elas não acharam a menor graça, mas entenderam que eu não era uma mulher do lar.

Mulher do bar, seria mais apropriado para mim. Gosto de bar, de beber, de papo. Uísque sempre é a melhor opção. Como Fernando dizia: "na dúvida, uísque". Ou como Rubem Braga, que diariamente bebia todas: "menina, o uísque está cada vez melhor". Hoje, tenho garrafas em muitos bares. Há quem diga que tenho em todos, mas é intriga da oposição.

5 de julho de 1993

Estou bebendo pra cacete. Ou morro de cirrose, ou viro alcoólatra, ou fico bem e consigo dormir. Está difícil.

Os bons tempos continuavam. A empresa de Fernando, além de editar seus livros, funcionava também como uma produtora de cinema. Fernando fez uma série documental sobre os escritores brasileiros, maravilhosa, junto com David Neves, crítico, roteirista e diretor de cinema. Logo que se separa da segunda mulher, Fernando viaja também com David para Los Angeles, e os dois inventam fazer filmetes super 8, sensacionais. Fizeram entrevistas com diretores de cinema naquelas mansões de LA, Hitchcock, por exemplo.

Um luxo, eu não tenho a menor ideia do que aconteceu com esse material.

Com o *know how* de cinema e o prestígio que Fernando sempre teve, foi convidado por Paulo de Tarso Flecha de Lima, mineiro também, importante diplomata encarregado do comércio internacional do Brasil por 13 anos, para fazer uma série de documentários, que, na época tinham exibição obrigatória, sobre a participação do Brasil em feiras de comércio no exterior.

E foi por isso que estivemos em Teerã, Hanover, Argélia, México e tantos outros lugares. Nós conhecemos o mundo. As viagens eram hilárias. Eu era a motorista da equipe, uma forma de eu estar com Fernando nessas jornadas. E lá íamos: eu ao volante enlouquecida pelas estradas afora; David Neves se revezando na câmera com Zé Antônio Ventura (irmão do jornalista Zuenir); Nair, o montador, um cara encantador e, é claro, Fernando. Não dá para imaginar a farra que era. Nós pelo mundo, muito doidos, trabalhávamos bastante durante os dias, mas à noite saíamos para conhecer a cidade, jantar e beber.

David Neves – amigo de uma vida

David era uma pessoa adorável. Filho de um general e de Dona Alaíde, tinha um irmão, conhecido por todos como Galo – nunca soube o seu nome. Esse era uma peça, acho que nem sabia escrever, nunca saiu da casa dos pais e continuou com a mãe depois que o pai morreu. De que ele vivia, impossível saber. Uma vez fizeram uma reforma na fachada do prédio, colocaram andaimes por todo o lado. Dona Alaíde, muito gentil, catolicíssima, preparava lanchinho, dava água, abria as portas para os operários. Um dia, um deles disse para Dona Alaíde: "A senhora nos desculpe, mas hoje vamos incomodar o doente". Como ele jamais saía da cama, Galo, na cabeça deles, só podia ser um enfermo. David adorava contar as histórias do Galo, enquanto rodávamos pelas estradas do mundo. E ríamos...

Foram anos deliciosos... que acabaram. Em uma viagem ao México, houve um desentendimento grave. Todo mundo sabia que David cheirava pó. Eu nunca tinha visto, porque não sou do ramo e ele tinha o bom gosto de não colocar uma carreira na mesa da minha casa. Talvez no banheiro, mas como jamais entrei com ele, não posso afirmar. Quando fomos para o México, Fernando me contou que havia dito para David não inventar moda. É claro que David inventou. Um dia, fomos ao quarto dele chamá-lo para sair e Fernando ficou enlouquecido ao ver uma carreirinha em cima de um móvel.

Voltando ao Brasil, Fernando desestruturou a produtora e tirou o nome do David da sociedade e dos filmes. Uma atitude semelhante à de Stálin que apagava os inimigos das fotos. Uma coisa louca, que ele repetiu pela vida, inclusive comigo, mas isso é assunto para adiante.

E nunca mais falou com David. No início dos anos 90, David, para mim sempre um querido, foi diagnosticado como portador de HIV, mas nem isso fez com que Fernando se aproximasse dele.

Uma elegia sem rimas e sem notas para David

Uma vez por semana, David almoçava comigo; abri uma conta para que amigos fizessem depósitos – e foram muitos os que colaboraram. Era preciso dinheiro para a compra dos remédios, para pagar médicos e garantir a sobrevivência. Tudo era complicado, pegar remédios nem lembro onde, alguns médicos se recusavam a atender pacientes soropositivos. Quem me ajudou muito foi Lucinha Araújo, que conhecia como ninguém os caminhos da assistência médica na época em que a doença era considerada sinistra por todos. David me passou uma procuração para que eu resolvesse tudo o que era necessário. Quando ele piorou muito, voltou a morar com Dona Alaíde.

David só me chamava de Lili – e como eu gostava disso – e sua mãe, Dona Alaíde, incorporou o apelido. Ela me ligava para tudo quando David estava doente e morando com ela. "Lili, você pode passar aqui". E eu ia, claro

Cuidei de David até o fim.

Quando Dona Alaíde me avisou de sua morte, antes de qualquer outra coisa, fui ao banco e fechei a conta. A humanidade é bem complicada e acho que sempre haveria alguém a dizer que eu estava me dando bem. Fui para o velório com um envelope no bolso, que entreguei a Dona Alaíde, que estava perplexa com a ausência de quem considerava um amigo querido do filho.

Nem ao enterro Fernando foi.

Dona Alaíde, que ficou de herança para mim, morreu dez anos depois sempre se perguntando sobre a ausência. "Nunca entendi o que houve" – ela dizia todas as vezes em que nos encontrávamos. "Nem eu, nem eu" – era a minha única resposta.

23 de junho de 1993

Fernando é um infeliz. Como alguém pode ser imutável, inflexível, intransigente, obsessivo, possessivo autocentrado e rígido dessa forma? Não consigo entender.

9

E continua o filme...

3 de julho de 1993

Fico imaginando que um dia meu filho Luís vai achar esse caderno. Morro e ele fica por aí. Acho bom Luís saber que um dia estive sofrendo, que não fui uma puta como alguns pensam e tampouco achei que esses 19 anos de casamento não valeram nada. Foram muito bons, valeram demais e fui muito feliz.

Meu casamento acabou no dia 31 de dezembro de 1988.

Nós fomos para a casa do irmão de Fernando, Antônio, na Avenida Atlântica. Nós éramos três: eu, Fernando e uma menina que vivia grudada com ele. A terceira criatura era bem jovem, bem mais do que eu, e muito mais do que Fernando, que tinha 23 anos a mais do que eu. Eu estava com 42 anos, Fernando com 65, ela, não sei ao certo, mas na casa dos 20. Como aquela terceira pessoa na relação me incomodava! Às vezes, Fernando me chamava pelo apelido que haviam dado a ela, mesmo em momentos íntimos. Na festa tomei um pileque fenomenal. No dia 1º não consegui acordar. Freud explica. Havia marcado um almoço no Florentino e só cheguei às cinco da tarde. Como a manhã tinha passado, os jornais não haviam sido lidos, e só nesse final da tarde é que soube do terrível acidente com o *Bateau Mouche*.

A derrocada do meu casamento ficou marcada por essa tragédia, em que morreu a atriz genial Yara Amaral e dezenas de outras pessoas, pela vigarice generalizada que fez soçobrar um barco condenado.

Foi um réveillon muito triste. Em todos os sentidos.

De Cabeça para Baixo

Eu podia ter me separado logo? Claro que podia. Eu devia ter me separado logo? Claro que devia. Demorei, porém, mais quatro anos na relação. Fernando foi ficando cada vez mais depressivo. Ele envelheceu mal. Seus amigos queridos foram morrendo, Otto Lara Resende, Hélio Pelegrino, Rubem Braga, e era um fardo difícil. Rubem, inclusive, teve uma morte assistida, e isso posso falar porque está na excelente biografia que Marco Antônio Carvalho escreveu sobre ele. Durante um tempo foi segredo, mas nós sabíamos. Otto, inclusive, muito católico, ficou bem mal ao saber que Rubem tinha optado pela morte.

Fernando ficou abalado com a ausência de tantas pessoas fundamentais em sua vida e foi se tornando uma pessoa diferente. Não queria sair, não me acompanhava em nada, nem viajar interessava mais. A ideia da morte o acompanhava diariamente. Ele tinha certeza de que morreria em breve. O ponto alto dessa obsessão foi um dia em que estava meio queixosa sentada no bar em casa e me ele disse, "que eu aguentasse um pouco, pois logo estaria viúva. Eu vou morrer logo e você também, que já não é mais garota".

Eu, com 45 anos, ouvi essa pérola, que já estava velhusca e com o pé na cova. Imediatamente pensei: isso não vai acabar bem.

Não estava nos meus planos morrer, como ainda não está com 73 anos.

Nesse clima de morte, Fernando encasquetou que precisávamos nos casar, que tinha que ter o seu nome. Uma das razões que dava, absolutamente sem sentido, era que ficava complicado conseguir upgrades e promoções na Varig, porque eu não tinha o mesmo sobrenome. Para mim, que estava em rota de colisão, achei uma ideia ridícula. Mas o casamento foi coercitivamente feito em 1992. A juíza foi lá em casa e tomei horror daquela mulher histriônica.

Confesso aqui uma coisa: uma das maiores alegrias da minha vida foi voltar a ter o meu nome, com sete sobrenomes, depois que me separei tanto de Luiz Fernando quanto de Fernando Sabino – aliás, jamais usei esse sobrenome, ficou no papel.

Quando Luiz Fernando ficou doente, fiquei mal, era o pai do meu filho, o primeiro homem que escolhera para ser meu marido. Fernando guardava escondido um ciúme, não demonstrava, mas não ficou feliz vendo as minhas idas diárias ao hospital. Em julho de 1992, morreu Luiz Fernando. Passado um mês, estávamos conversando e Fernando só soube dizer que era triste a morte dele, porque "tinha morrido tão pobre, sem deixar nada". Dinheiro não era a preocupação nem de Luiz Fernando, nem minha. Eu sentia a perda de uma pessoa tão brilhante e importante na minha vida. Tive uma crise de choro imensa nesse dia.

Por Luiz Fernando, por mim, por Fernando e pela minha infelicidade.

Eu não estava feliz. Não estava mesmo.

Para completar, fiquei desempregada e ele me propôs que eu trabalhasse no seu escritório. Eu e a jovem ninfeta, com quem estava grudado mais do que nunca, ficamos lado a lado no escritório, pois ela também trabalhava lá.

Alguns amigos garantiam que não havia nada entre eles. O que não resolvia o problema: "Se não houve nada, se ela não deu para ele, tudo fica mais idiota ainda, porque desgastou o nosso casamento, aconteceram cenas ridículas por nada".

Nós duas no mesmo escritório fez daqueles meses a pior época da minha vida.

Havia um movimento grande de envio de livros, porque Fernando sempre foi o próprio editor e mandava livros para os compradores e para qualquer um que o abordasse na rua com um elogio. Se tropeçasse no gari, ato contínuo era preciso enviar um livro com dedicatória. Um dia pensei, vou me rasgar, vou me matar, vou matar alguém, quando me flagrei discutindo com Fernando sobre a posição da fita durex no envelope. Ele queria que fosse colocado de um jeito diferente do que fazia.

"Isso é coisa de obsessivo, de gente louca – e não sou nada disso".

Fui embora do escritório e nunca mais voltei. Ela ficou. Daí em diante o casamento foi ladeira abaixo.

Em 1993, nos separamos.

3 de julho de 1993

Hoje estou muito consciente. Não sei bem pra quê. Tenho certeza de que não me precipitei, não declarei a ninguém que tinha me separado. Todas as fotos estão aqui, no mesmo lugar, porque são a minha vida. Acabei eu sendo a traidora, essa é a opinião pública. Não sei se Fernando algum dia lerá esse caderno, a não ser que eu morra antes dele, mas a ideia de botar no papel a angústia, a dor no peito, a sensação do infarto iminente, a tristeza e sei lá o que mais é muito boa.

Muita gente se espantou com a nossa separação. Um amigo insistiu em saber o motivo, "mas vocês pareciam tão felizes". E fomos mesmo, isso não vou negar nunca, mas um dia essa felicidade acabou. Uma amiga costuma dizer: "Lygia, você não está na vida a passeio. Você quer se divertir e ser feliz". Ela tem toda razão. Sou encrenca zero. Poliana ao extremo, acho que tudo tem uma solução, que tudo irá se resolver.

Toda a minha "polianice" não foi capaz de resolver a minha situação com Fernando. Por muito tempo, achei que poderíamos ser amigos, como sempre sou de todas as pessoas que amei, mas não foi possível.

23 de junho de 1993

O processo mental de Fernando é curioso: três casamentos desfeitos da mesma forma. Três mulheres diferentes, relações e momentos distintos. Em comum somente ele e sua paranoia.

Fernando era um homem de obsessões, e a maior delas era a traição, tema de alguns dos seus livros. De verdade ele passou a vida atrás do próprio rabo para tentar descobrir se havia sido passado para trás. Seus ciúmes sempre foram inimagináveis, ele tinha ciúmes da sombra e ciúmes da não sombra. Tudo era motivo para encrenca.

Eu não posso falar pelas outras duas mulheres, mas no meu sobrou a impressão de que todas as suas mulheres o passaram para trás. Ou quando ele estava de saco cheio da relação, inventava esse pretexto para se separar. São muitas as coincidências nas três relações. Sempre ele ouvia uma linha cruzada em que as mulheres marcavam encontros com outros homens. Para mim, só em romance. Como no seu *A Faca de Dois Gumes*, com o personagem cronometrando o tempo da Gávea ao Santos Dumont para criar um álibi perfeito para ele, o homem que vai matar a mulher, porque ela o traiu.

O outro gume da faca

Comigo seu rancor tinha os mesmos requintes paranoicos da literatura e dos outros casamentos: traições, linhas cruzadas, vários homens na minha vida. Ele adivinhava coisas, segundo suas palavras, o que me deixava aterrorizada. "Ele diz que é angelical, pra mim é coisa do demônio" – escrevi no meu caderno em que compartilhava a minha angústia. Fernando inventava os fantasmas, decidia que eu estava tendo casos com o porteiro, com os vizinhos, com os amigos e se amargurava. Sou quase mineira honorária, porque meu filho e meus netos moram lá, mas não tenho medo de dizer que mineiros são muito esquisitos.

Sei e não nego que o amei muito, mas não segurei a barra daquele processo depressivo e cheio de fantasmas.

Aos 70 anos ele precisava ser a vítima.

Nos quase 20 anos em que fiquei com ele, ele jamais cumprimentou a mãe dos seus três filhos mais novos. Com a primeira mulher, Helena, ele manteve uma relação um pouco mais amistosa. E adorava faturar a história do cartório. Quando ele se casou com ela, ganhou de Getúlio Vargas um cartório, para todo mundo uma mina de ouro. Quando eles se separaram, Fernando devolveu o cartório, atitude louvada por todos, foi endeusado, muitos artigos foram escritos sobre o homem que renunciou à "mina". Eu como sou mazinha, juntei as pontas e um dia confrontei-o com humor: "Fernandinho, vamos aos fatos, você se livrou da parte chata, nunca precisou dar pensão para os filhos" – e isso ele havia me contado.

Foi embora para escrever seus livros sem culpa. Uma maravilha.

A dor da separação

Quando me separei, decidi fazer psicanálise. Nos anos 1970, havia feito terapia em grupo, mas não era a minha praia. Achava uma invasão de privacidade absoluta. Um dia um colega de grupo chega de Paris e me traz umas sensuais meias pretas. Achei sem pé nem cabeça, tomei horror dele e decidi não voltar. Com o sofrimento, a solidão e tudo o que sentia depois de mais um casamento desfeito, procurei um amigo, João Batista Ferreira, que tinha sido padre depois virado psicanalista e pedi a sua ajuda. Ele disse que não podia, por ser próximo de mim e de Fernando, que, inclusive, estava ligando cotidianamente para ele. "Não posso misturar os canais". E recomendou que eu procurasse Ivan Ribeiro, que conhecia porque era amigo e dividia consultório com Hélio Pellegrino. Eu me apaixonei completamente por ele, um velhinho do caramba, especialmente porque ele foi bem claro desde o começo: "você de fato não precisa de terapia, porque é bem estruturada, você precisa só de uma chacoalhada". Essa chacoalhada me fez muito bem, segui seu conselho de anotar tudo o que sentia, sonhos, desejos, ódios. Ivan vibrou quando comprei um terreno em um loteamento em que seria vizinha de Hugo Carvana, grande amigo. Em pouco tempo, ele me avisou que teria o maior prazer de me receber quando eu precisasse, mas que não precisávamos manter a rotina das sessões. Ele me deu alta. Volta e meia eu aparecia, e sempre foi enriquecedor. Ele me perguntava da casa que iria construir, mas eu já havia desistido do projeto e vendido o terreno e a conversa desviava para algo mais interessante. Eu escrevia para uma revista editada pela Zélia Cardoso de Mello, *Vitória*, e levava sempre um exemplar para ele. Ivan fez uma coisa linda, uma colagem com meus textos, que me deu de presente. Inesquecível o tempo que passei com Ivan.

> *26 de julho de 1993*
>
> *Estou me sentindo uma leprosa. Fernando não pode nem me ver de longe. Eu queria conversar com ele, queria mesmo.*

Eu e Fernando nunca mais tivemos uma longa conversa. Houve cartas, recados na secretária eletrônica, mensagens por amigos, mas nada de diálogo. Um dia ele me mandou um recado para que devolvesse o original de *O Grande Mentecapto*, que estava comigo, e ele estava precisando para uma exposição. Nunca houve uma exposição, talvez ele tenha incinerado a obra datilografada com capa dura, sei lá eu. Lamento ter devolvido porque a dedicatória nesse original era deslumbrante.

Uma vez, ele passou por mim na praia, quando estava dando minha caminhada habitual. Para surpresa, ele me chamou e disse que se eu precisasse de alguma coisa, pedisse a ele. Talvez ele tenha sabido que eu cuidava de minha tia Germana e que pagar uma casa de repouso não era fácil.

Em um dia em que a situação apertou, liguei para ele.

Fernando jamais retornou.

Nada do que houve entre nós, porém, diminuiu a minha admiração pela obra de Fernando Sabino. Acho seu texto até hoje um primor. Só não li os poucos livros que ele lançou entre a nossa separação e sua morte em 2004. E hoje não sei onde foi parar a sua obra que ele editava e a Record do querido e saudoso Alfredo Machado distribuía. Não sei se ainda está nas livrarias ou foi para as calendas – o que seria uma pena.

A nudez da verdade

Um dia descobri pelo meu querido amigo Humberto Werneck, que Fernando havia tirado qualquer referência a mim em seus livros, seja nos textos, seja em uma dedicatória lindíssima. Ora, o tempo que ele perdeu curtindo essa raiva e me tirando dos seus livros, ele teria feito novos livros ótimos. Em seu livro de viagem, *De Cabeça para Baixo*, em que sou personagem, Fernando descreve, com aquela leveza de suas crônicas, as minhas peripécias ao volante, a 300 km por hora, e me define como a companheira em inúmeras situações; em um artigo Neve em Nova Iorque, ele conta a minha admiração ao ver neve pela primeira vez em um texto recheado de romantismo. Ou seja, sou eu a pessoa com quem ele compartilha experiências. No afã da eliminação do meu nome, a posteridade dirá que Fernando era gay, porque eu virei um companheiro de viagem sem nome, um amigo que o acompanha em uma viagem somente para que pudesse romanticamente mostrar a neve. Muito estranho, não é mesmo?

Eu tenho os originais, menos o que devolvi, então não importa que ele tenha dado mais uma vez uma de Stálin.

Quando Arnaldo Bloch escreveu uma biografia de Fernando Sabino para a coleção Perfis do Rio, no final dos anos 90, conforme contou em sua coluna em O Globo, de 19 de outubro de 2003, só teve um encontro com o escritor. No segundo, quando Fernando soube que eu havia sido entrevistada, mandou recado que seria cobrado judicialmente se houvesse alguma injúria. Não havia e aqui copio as palavras de Arnaldo em sua crônica: "Lygia foi só elogios ao ex-marido, não revelando nenhum detalhe que pudesse constrangê-lo".

Pois é!

Muitos anos depois, Pedro Sabino, um de seus filhos, seguiu o péssimo exemplo do pai. Ana Arruda fez a fotobiografia de seu marido Antônio Callado e me pediu fotografias, se eu tivesse. Claro que tinha, mandei duas feitas no meu apartamento: eu, Fernando e Callado sentados no sofá. Pedro não deixou publicar. "Papai não gostaria". Ora, quem é Pedro para interferir assim? Fiquei com Fernando 19 anos e se vi esse seu filho 20 vezes foi muito. Ele passou por várias tragédias na vida, mas não aprendeu nada – pelo menos assim parece, porque senão não teria tido essa atitude tão idiota.

Tenho relação amistosa e eventual com quase todos os outros filhos de Fernando: Mariana é uma graça de pessoa, assim como Verônica, excelente cantora. São ambas pessoas bem interessantes. Nos esbarramos pela vida algumas vezes e sempre tudo é muito cordial. Bernardo me surpreendeu, porque optou por morar na periferia de Belo Horizonte e faz um projeto em escolas que mantém viva a obra de Fernando. No Mercado do Cruzeiro, inclusive, há uma exposição permanente, com personagens do livro infantil de Fernando. Virgínia morreu cedo, em 1985, em um acidente estúpido, ela voltava de viagem com amigos, estava deitada no banco traseiro e em uma curva um caminhão-cegonha deu uma ligeira rabeada e bateu de leve no carro, exatamente no lugar onde estava a cabeça de Virgínia. Sofri por muito tempo essa perda. Fernando ficou devastado. Leonora sempre foi cordial, é casada com Miro Teixeira, e tive mais contato com ela, porque ia sempre à casa deles. Eliana é a mais velha, não tem quase nada a ver comigo e houve um estranhamento de ambas as partes por uns tempos. Nunca mais a vi, ela foi morar há anos em Saquarema, mas não rompemos. Isso só aconteceu mesmo com Pedro e esse assunto se encerra para mim ao ser escrito nesse livro.

Acredite, lamentei a morte de Fernando. Se tivéssemos ficado amigos, ele saberia que iria contar comigo. E contaria mesmo. Sofreu muito com um câncer de esôfago, e me fez lembrar que há anos ele tinha azias horríveis, com a sensação de estômago inchado e eu insistia que ele procurasse um médico. Ele preferia tomar pastilhas de Magnésia Bisurada. Isso virou até brincadeira do Luís e um amigo: "já bisurou hoje?", porque viam que Fernando tomava o medicamente como quem comia pipoca.

Se você reparar bem, em nenhum momento desse capítulo subverti a ordem e coloquei os verbos no presente em vez de no passado.

Esse passado ficou lá atrás.

E com Caetano cantando:

Onde queres revólver, sou coqueiro
E onde queres dinheiro, sou paixão /
Onde queres descanso, sou desejo
onde sou só desejo, queres não
E onde não queres nada, nada falta
E onde voas bem alta, eu sou o chão
E onde pisas o chão, minha alma salta
E ganha liberdade na amplidão

O *Quereres* (Caetano Veloso)

10

Zélia, uma paixão

Para quem ainda pensa que esse meu livro é movido por vingança, esqueça. O passado não me assombra mais há anos. Tive um papel importante na gênese do livro de Zélia Cardoso de Mello – Zélia, uma Paixão – pelo qual Fernando foi massacrado pela crítica, o que muito contribuiu para o seu desânimo pela vida.

Era um livro movido a vingança de Zélia, acho.

Faço questão de abrir espaço na minha história para defender Fernando das acusações infundadas, como "ele só fez isso porque ganhou uma grana" e tantas outras, às vezes, bem mais maldosas. E vou morrer defendendo que ele tinha o direito de escrever sobre o que quisesse.

Conto o que vi e vivi. Tire a sua conclusão.

Esse capítulo Zélia tem muitas cenas, que nem novela da televisão:

Cena 1

Zélia Cardoso de Mello assume como Ministra da Economia no dia 15 de março de 1990. Com apenas 36 anos se torna a Dama de Ferro da economia brasileira. Sempre chique, com tailleur e colar de pérolas ela encanta três homens admiráveis: Jô Soares, Darcy Ribeiro e Fernando Sabino. Em vários momentos é possível ver o encantamento dos três, que achavam interessante aquela mulher tão pequena e tão poderosa. O confisco não entrava na conversa. Fernando não a conhecia pessoalmente.

Cena 2

Fernando e Lygia Marina estão na porta do Esplanada Grill, o restaurante da moda em São Paulo. Muita gente na porta espera mesa. Para um carro na porta e desce Zélia. Sem nem saber por que Lygia se aproxima e estabelece diálogo:

– Você não me conhece, mas meu marido é seu fã e gostaria de apresentá-lo – disse Lygia.

Zélia concorda e quando vê que o marido é Fernando Sabino, fica quase emocionada.

– Nossa, que prazer. Estou entrando para almoçar com amigos, mas faço questão de continuar em contato com vocês.

Um tempo depois, um assessor de Zélia liga de Brasília e convida o casal para um almoço informal.

Cena 3

O almoço é tão amistoso e informal, que, em determinado momento, Lygia até pergunta qual a loja predileta de Zélia, pois admira a maneira com que a Ministra se veste. Ela dá um nome banal, nada de Daslus da vida, as lojas de elite de São Paulo. A partir desse almoço, Lygia, Fernando e Zélia estabelecem uma ligação bem próxima. Todas as vezes em que vão a São Paulo, e são muitas, o casal liga para Zélia e todos se encontram. Quando vem ao Rio, Zélia retribui as visitas e leva os namorados. Ela era namoradeira.

Cena 4

No dia 10 de maio de 1991, Zélia deixa o Ministério da Economia. Ela liga imediatamente para Fernando e Lygia, que ficam pasmos. O casal decide ir para São Paulo dar um apoio para a amiga. A moça elegante era outra pessoa. Esperam por ela alguns minutos na portaria do prédio muito bom dos Jardins e matam o tempo vendo as inúmeras câmeras de segurança. Zélia entra na garagem dirigindo o próprio carro, vestindo um moletom surrado, molengão, que deixa a bunda caída. O casal sobe. Quando Zélia abre a porta, o salão que devia ter pelo menos 100 m2 está absolutamente coberto de flores e presentes recebidos de todas as partes do mundo. Mais do que nunca, Zélia fica próxima dos amigos cariocas, porque a essa altura era rei posto.

Cena 5

No Rio, algumas semanas depois, Zélia visita Fernando e Lygia. De novo está elegante, com um tubinho preto, cabelo bem cuidado, toda produzida. Na casa há um bar, que sempre congrega os amigos, Fernando chega logo depois e o papo engrena regado a doses generosas de uísque. Sempre uísque, a melhor das bebidas, pensam os três. Zélia avisa que vai jantar com Chico Anysio; Fernando não demonstra nada; Lygia quase cai do banco. Zélia confessa seu encantamento com Chico, o modo como cria os filhos, seu humor e charme.

Cena 6

Zélia jamais escondeu o seu fascínio por Fernando Collor. Em cima da lareira na sua casa, a tal que causou tanta polêmica quando ela comprou, há um retrato do dia da posse, onde, evidentemente, ela está babando pelo presidente. Depois que começa a namorar assumidamente Chico Anysio, Zélia vem cada vez mais ao Rio de Janeiro e um dia confessa seu desejo de contar sua experiência no Ministério, sua convivência com Collor e seus ministros. Chico é contra, acha que ela não deve falar nada, mas Zélia insiste com a ideia. Fernando é categórico: "você deve escrever". Ele já vinha amadurecendo a ideia e sugeriu três opções: ela sentava e escrevia a própria história; ela contratava um ghost writer, ou, se ela concordasse, ele escreveria, com total liberdade, usando-a como personagem. Ele era fascinado pela personagem, sabemos. Ela aceitou imediatamente, claro.

Cena 7

Na época, todos os escândalos já haviam rolado: o confisco, Zélia dançando Besame Mucho com o ministro Bernardo Cabral, sua queda, mas ninguém sabia detalhes. Durante um tempo não tão longo, Zélia e Fernando se encontram; ela conta a sua história e Fernando grava as entrevistas. Lygia está presente só em algumas. Fernando está completamente mobilizado pela possibilidade de escrever um livro de não-ficção, mas com todos os ingredientes de um romance. Amores, intrigas, briga pelo poder.

Cena 8

O livro fica pronto. Zélia e Fernando ficam bem satisfeitos com o resultado. Não há um lançamento convencional de Zélia, Uma Paixão, mas sim uma entrevista coletiva. A imprensa estava que nem urubu na carniça, e Fernando, escritor querido por todos, respeitado pelo seu enorme talento, best seller há tantos anos, é literalmente destroçado pelos jornalistas, que durante anos haviam-no incensado. Fernando, diga o que disserem, é inequivocamente um grande escritor, com um texto primoroso e uma história na literatura. Mas isso não vale de nada naquele momento. Ninguém havia perdoado em determinado momento da vida ter ficado com 50 caraminguás e o livro de Fernando catalisa todo esse ódio à idealizadora do confisco. Trechos são mal compreendidos

> *e as pessoas vociferam contra Fernando e Zélia, especialmente no capítulo em que é contada a história do valor do confisco. No livro fica a impressão de que houve um sorteio com números aleatórios. Não foi bem assim, depois de muita discussão os economistas chegaram a três hipóteses e todas pertinentes, aí foi sorteado o valor dos 50 caraminguás. Mas explicações não cabem mais: Fernando foi banido do círculo dos bem-quistos escritores.*

A novela não acaba aqui, mas prefiro encerrar o capítulo com meu depoimento: como já disse, irei defendê-lo até a morte, não por me sentir culpada, porque sou responsável pelos dois terem se aproximado, mas porque, enquanto esteve vivo, Fernando jamais se defendeu. Aceitou calado todas as agressões e nunca mais deu entrevistas, nunca mais foi visto em lugar algum depois daquele dia em que todos se esforçaram por massacrá-lo.

Até os amigos estranharam Fernando ter entrado no que consideravam uma aventura malsucedida. Otto Lara Resende, por exemplo, ficou furioso: "Você me mostra qualquer bobagem que escreve. Por que me escondeu essa, talvez a maior delas?"

O livro vendeu horrores e as acusações continuaram. As pessoas pensam o que querem e dizem o que têm vontade. Sempre. "Fernando Sabino fez por dinheiro". "Fernando Sabino ficou milionário". E essa acusação de que ele havia sido mercenário, foi a que mais fez mal.

E escrevo aqui com letras maiúsculas:

FERNANDO SABINO NÃO FICOU COM UM CENTAVO DA VENDA DO LIVRO *ZÉLIA, UMA PAIXÃO.*

Um pouco antes de nos separarmos, ele chamou o juiz de menores Alírio Cavalieri, de quem ele era muito amigo e eu, fã absoluta, e pediu ajuda para que indicasse instituições para as quais ele podia doar o dinheiro. Tudo foi feito com o maior rigor, compromissos assinados, cheques de doação, imposto de renda para não existir nenhuma brecha de que ele havia ficado com a metade, por exemplo. Na verdade, ele doou 95% por cento e distribuiu o resto pelos filhos, uma grande amiga que estava passando por um período duro e bem pouquinho para mim. Assim foi feito e jamais divulgado.

Em 18 de outubro de 2001, o jornal O Estado de São Paulo, publicou uma reportagem, que dá a dimensão do escândalo em 1991, quando foi lançado o livro, e que pode ser lida em http://bit.ly/2NYCyCl . Por questão de direitos autorais não posso reproduzir aqui, mas adianto somente o título – *Zélia: o escorregão de Sabino completa dez anos – e a primeira frase: Hoje faz dez anos que a reputação literária de Fernando Sabino foi confiscada pelo livro Zélia, uma paixão*".

Poucos anos antes de sua morte, ele ainda teve que ler sobre os acontecimentos que assombraram a sua vida. Nessa mesma reportagem, fiquei sabendo que Fernando reservou algumas linhas para se justificar em *Um Livro Aberto* sobre ter escrito sobre uma "insigne figura da vida nacional". É pouco, por isso tomei a liberdade neste livro de contar o que penso sobre essa parte importante da vida de Fernando, da qual fui testemunha e personagem.

Esse massacre contribuiu para a nossa separação?

A conclusão é sua.

Aqui se encerra mesmo a novela *Zélia, uma Paixão* e o filme *Minha vida com Fernando Sabino*.

[illegible]

[illegible]

[illegible]

[illegible]

[illegible]

11

A vida alegre

28 de dezembro de 1993
Minha cabeça está a mil. Todos os homens que conheço me querem. Na verdade, porém, quem eu realmente quereria não me quer. Mas sei que 1994 será realmente um novo ano.

Foram muitos anos casada. Muitas aventuras não vividas. Ao folhear meus escritos hoje em dia, décadas depois, relembro que, aos 48 anos, me tornei de novo adolescente, com a sabedoria da maturidade, em alguns momentos, mas a bobeira da juventude quase sempre.

Back to being free again
Back to being me again
With all my precious freedom, my precious, precious freedom
On my own
Back to being on my own
Back to live the life I'd known

Free Again (Joss Baselli e Armando Canfora)

Quando me vi solteira, resgatei o que não havia vivido nos maravilhosos anos 1970, os verdadeiros "anos dourados", como definia meu querido amigo Joaquim Vaz de Carvalho, em que rolava de tudo sem culpas e sem preconceitos – sexo (estava casada), drogas (nunca foi a minha praia) e rock and roll (havia parado em Elvis Presley). Voltei a ser jovem a partir de meados dos anos 1990. Fui à forra para recuperar o tempo perdido.

Novamente, um privilégio.

Namorei muito, recuperei algumas relações que não haviam acontecido, conheci novas pessoas, vivi namoros que não deram certo, senti as incertezas do que realmente queria, tive amores que me revigoraram. Não vou citar nomes, nem seria elegante da minha parte. Contente-se com as iniciais e com as alegrias e lamúrias dos cadernos que escrevi nesses primeiros anos na nova etapa da minha vida.

Não poderia deixar de falar sobre a redescoberta do amor para Lucas e Sara, que irão ler quando já puderem entender que *são demais os perigos dessa vida/ para quem tem paixão*, como escreveu o poeta Vinícius de Moraes em sua parceria com Toquinho.

O que encontrei nos cadernos, está aqui resumido:

> *20 de abril de 1994*
>
> *Só estão acontecendo coisas fantásticas. Tenho saído, me divertido, curtido pra valer. Não vou lutar. Esse caso não tem solução, sou fera ferida, no corpo e na alma e no coração. Roberto Carlos é um craque, na voz de Bethânia é genial. Estou toda produzida, bem arrumada, chique para sair e não vou mais. E estou bem. Um uísque como companheiro. Bom amigo, já dizia Vinícius de Moraes.*

21 de abril de 1994

Faz um ano que me separei. Revi o **A***, tomamos um chope no Jobi, ele me trouxe em casa e ficou de me ver. Não veio, é claro. Só que agora estou expert no assunto. Daqui a pouco vou dormir. E amanhã será um novo dia, diria Scarlert O'Hara. Ou Chico Buarque – amanhã será outro dia.*

2 de maio de 1994

A vida é muito estranha. Cada vez mais sinto que hibernei décadas para florescer agora. Independente, segura, de bem com a vida, alegre, alto astral.

12 de junho de 1994

Dia dos Namorados. E as mulheres sozinhas. Os jornais só falam nisso. Há mais mulheres do que homens. E eles não querem nada. É um desacerto. Eu me divirto, conheço muita gente, procuro fazer da minha vida uma festa. Ao mesmo tempo hoje, se me fosse dado escolher, estaria na minha casa de campo com o **I***, criando passarinho.*

19 de junho de 1994

Imagino a perplexidade de quem vier a ler esse caderno. A "rainha da cocada", cheia de si, segura, jovem, pra cima, alegre é frágil, insegura, tem medo, está apaixonada e não sabe como sair dessa.

30 de junho de 1994

Hoje é dia importante. A partir de amanhã o País entra em nova fase com o real, moeda nova. Tem que dar certo.

24 de agosto de 1994

Affair **I** *se diluindo aos poucos de maneira natural. Ele, muito hábil, delicado, cabeça no lugar vai sumindo aos poucos.*

10 de setembro de 1996

Acabei comprando novo caderno. As outras anotações foram feitas em folhas esparsas. Continuo feliz. Fiz 50 anos e curti muito a comemoração. Houve quem me desse 35. Tanto melhor. Hoje namoro um cara rico, na dele, inteligência brilhante, engraçado, nos damos bem. Seguro, para não dizer pão duro, mas como é super boa gente, caráter firme, bonito, cabeça fresca, encrenca zero, lá vou eu. Não quero o dinheiro dele, então, tudo bem.

31 de dezembro de 1996

Terminei o namoro há poucos dias. Numa boa. No hard Feelings. E é muito estranho, temperamento difícil, só pensa em dinheiro, sendo cheio dele. Imagina eu, dura pra caramba, curtindo a vida e ele preocupado com o papel higiênico em promoção. Terminamos bons amigos.

1º de janeiro de 1997

Quatro e meia da manhã de Ano Novo. Estou cheia de esperança. Algo me diz que esse ano vai ser muito bom.

24 de julho de 1997

Estou bem, lutando o tempo todo para não ficar mal. ***A*** *é um encrencado, continuo sem saber qual é a dele, mas achando-o o máximo, sobretudo agora que estou lendo o seu livro. Às vezes consigo entender que aos 50 anos a vida é isso mesmo. Não é pra complicar, é pra ser feliz, é pra curtir, mas quando o outro é uma encrenca, é fogo. (...) Continuo achando que construir uma vida a dois é o máximo. Sou mulher, independente, autossuficiente, dona do meu nariz, inteligente, capaz, competente, mas torço por uma pessoa que me acompanhe e incentive tudo isso. Não deu certo no meu último casamento, mas Deus é pai. Acredito nisso. Estou viva, sou uma adulta e não é muita gente que pode dizer isso.*

Durante muitos anos vivi assim, entre romances e desencontros, noites boas e noites más, amores que vieram e foram embora, mas nada disso mudou a minha essência de ser livre.

Na maturidade, encontrei a união que almejei por tantos anos.

12

O amor maduro

Quem chorou, chorou
E tanto que o seu pranto já secou
Quem depois voltou
Ao amor, ao sorriso e à flor
Então tudo encontrou
Pois a própria dor
Revelou o caminho do amor
E a tristeza acabou

(*Meditação* – Tom Jobim e Newton Mendonça)

José Luiz Peixoto fazia parte de diversos "clubes" que eu frequentava, ele era de várias turmas, que também eram minhas. Nós nos encontramos diversas vezes, no sítio do Sérgio Cabral e Magali, na casa de outros amigos em comum, nos bares da vida, eu já era amiga de sua irmã Mônica, enfim ele sempre esteve no meu entorno.

Parece, segundo me contaram, que estava de olho em mim há muito e talvez só eu não tivesse percebido.

Um dia, eu chego no Astor em um fim da tarde com minha amiga Rosa Maria Araújo, e quando vamos nos sentar, um amigo se aproxima e diz que estou intimada a ir para a mesa deles. "Eles quem?" – perguntei. "Hoje é o Almoço dos 14 – uma grande tradição de um grupo de amigos de se reunir uma vez por mês. Naquela época já não eram mais 14, mas os remanescentes permaneciam com a tradição.

Quando me aproximo, Zé Luiz diz que há um lugar reservado para mim ao seu lado, "estava esperando por você". Sacana de marca maior. Ficamos conversando sobre absolutamente tudo e, em um momento, ouço um dos amigos, falando com uma amiga paulista de muitos anos. "Não posso passar o telefone para Lygia porque ela está no maior *love* com o Zé Luiz Peixoto".

Às vezes no silêncio da noite
Eu fico imaginando nós dois
Eu fico ali, sonhando acordado
Juntando
O antes, o agora e o depois
Por que você me deixa tão solto?
Por que você não cola em mim?
Tô me sentindo muito sozinho

Sozinho (Peninha)

Quando já ia embora, Zé Luiz me convida para jantar com ele outro dia. Eu estava de malas prontas para ir ao aniversário de um ano do meu neto, mas deixamos mais ou menos marcado para quando eu voltasse. E ele ainda brincou: "começou mal este jantar, vou ter que esperar, mas tudo bem". No dia em que volto, ele me liga e me pergunta onde eu gostaria de ir. Não sei o que responder, porque não quero correr o risco de escolher um restaurante caro e Zé Luiz ser duro como um coco. Pedi que ele sugerisse três para eu escolher um. O primeiro nome é Garden, restaurante que também adoro e fechamos nesse. Ao Garden fomos, permanecemos durante todo o tempo da nossa relação e onde estou até hoje.

Minha garrafa de uísque está guardada lá, entre outros bares da vida.

É tão agradável o nosso encontro. Zé Luiz é engraçado, doido varrido, mas doido do bem, dono de uma inteligência brilhante, muito preparado. Em comum, temos muitos pontos, em especial ser amigo dos amigos.

Está escrito: não nos separamos mais. O ano: 2011.

A sabedoria que só chega com a idade

É muito bom ter uma relação madura, na qual ninguém precisa ficar grudado o dia inteiro. Não existe teatro ou fingimento. Você já leu todos os livros, viu todos os filmes e sabe que o homem que está com você não vai mudar, nem fazer diferente, grande fantasia de quem se casa jovem. Ele não vai mudar; nem você. Assim como eu, Zé havia casado duas vezes e nós sabíamos os mecanismos que fazem um casamento desandar. Não ficaríamos juntos se quiséssemos mudar um ao outro.

Mais do que um casamento é uma parceria. Quantas vezes eu avisava que uma amiga convidara para um jantar para o dia seguinte e arrematava: "se não fosse para você ir, eu nem avisava, mas garanto que você vai gostar". Ou o contrário: "Hoje tem uma 'roubada', mas já o livrei, disse que você tem outro compromisso". Essa cumplicidade vale ouro. E isso só é possível na proximidade dos 70 anos. Com 20, há a obrigação de almoçar na casa da mãe de um ou de outro, algo insuportável. Mais velhos, acaba essa relação de irmãos siameses, só vou se você for, embora tenha muitas amigas que ainda estão "siamesando", abrem mão do próprio querer e depois se lastimam. Eu não sou essa pessoa.

Três meses depois que começamos a namorar, fizemos a união estável. É um desejo dele. "Assim você fica bem quando eu morrer". "Espero que você não esteja pensando em morrer" – é a minha resposta, mal sabendo como seria o futuro.

Nos anos que vivemos juntos, cada um manteve a sua casa, por mais que essa frase pareça incoerente. Mas é isso mesmo, no nosso casamento, cada um tem a sua casa. Eu brinco que meu apartamento é pequeno e nem as roupas dele cabem. Ele também não quer dividir uma casa, já tinha vivido junto com quem tinha que viver, com todo o desgaste que isso acarreta. Basta uma vez.

Seu apartamento é bem perto do meu, um lugar adorável, com um jardim sensacional. No domingo, normalmente, fazemos um almoço, uma grande farra. Cozinhamos juntos na casa dele para amigos. Não nos importamos nem um pouco de colocar a barriga no fogão, é uma delícia. Zé que é supergastador compra só coisas boas. "Meus amigos merecem o que há de melhor. Por que vou comprar filé mignon no supermercado, se posso comprar um angus importado?" E assim faz, nem sempre podendo, mas fingindo que pode. Vive acima das suas posses e faz muito bem, porque sente prazer nisso. Não tem casa própria, paga uma fortuna de aluguel, abre uma garrafa de uísque dia sim, dia não, gasta mais do que ganha, mas é feliz assim.

Só estou com ele porque há amor, sua vida é uma loucura, bem diferente da minha. Se tivesse me envolvido com Zé aos 20 anos, possivelmente não ia durar.

Dividimos bons momentos, e isso é sinal de maturidade. O que se quer em determinado momento da vida é que alguém faça você rir.

Não há lugar para ciúmes na nossa relação. Minhas amigas às vezes se espantam, porque brinco quando falam de um homem bonito e que admiro: "pode mandar para rua tal, número tal" (o meu endereço). Eu rio, Zé ri e algumas olham desconfiadas. E rimos mais.

Bebemos juntos e ele é um homem do bar. Já fui mulher de tomar porre, mas hoje não sou mais. Foram poucos, e muitos amigos garantem que sou a pessoa que melhor bebe. O conselho de Fernando reverbera sempre, na dúvida, uísque, lembra? Uísque se dilui com gelo, com um belo copo d'água ao lado, você controla o quanto está bebendo. Adoro caipirinha, acho vinho nas refeições, ótimo, mas não misturo bebidas, esse é o segredo. Claro que algumas vezes começo a falar mais devagar, talvez para não falar besteira; quando vejo que a dose é muito grande, como nos Estados Unidos, fico ultra atenta e reforço a água. Apesar de tudo isso, claro que já tive meus momentos de pileque. Quem não?

Com Zé aprendo a tomar malte uísque. Ele é um expert, é da diretoria do Clube do Uísque e um dia aparece com um uísque chamado Jura – nome de ilhota perdida no Mar do Norte, que banha a Escócia. Uma maravilha! Zé presenteia Ziraldo com uma garrafa e ele fica "viciado". Até hoje de vez em quando ligo e digo; "vou levar um jurinha para nós".

Todo mundo gosta do Zé. Até minha família de Belo Horizonte se encanta de imediato com ele. Na época, Luís está casado com Carol e seus pais são parte da minha família também. E continuam sendo, mesmo depois da separação dos dois. Zé vai muito comigo para Belo Horizonte. Quando Ronaldo, pai da Carol, faz 80 anos, é organizada uma grande excursão à Portugal, e o Zé, mais do que depressa, se coloca dentro do programa. E lá fomos nós em um grande ônibus lotado de gente, família grande, cerca de 20 pessoas. Zé faz a alegria da festa, conta história, fala as maiores barbaridades e todo mundo ama. Como Zé é homônimo de um grande autor português, todas as vezes que entramos em uma livraria, Ronaldo pega um livro e pede o autógrafo do Zé. E rimos. Rimos muito.

Só me lembro do Zé com um sorriso.

Ele foi fundamental também na minha vida quando minha mãe morreu. Como ela não saía de casa, imagina como estava o seu apartamento, um escombro, desnecessário comentar. O papel de parede, por exemplo, havia sido colocado há milênios, a casa nunca mais havia sido pintada, era tudo bem deprimente. Rolou um pequeno estresse entre os irmãos, coisa rara, porque Nelsinho sugeriu que a gente desse um jeitinho e alugasse. Eu, como irmã mais velha, autoridade máxima, metida e palpiteira, avisei que não contassem comigo, porque achava uma burrada. Esse apartamento tem que ser vendido – decretei. E aí Zé Luiz se mostrou mais uma vez uma bênção na minha vida. O apartamento estava cheio de problemas legais, minha mãe havia sido mal orientada, e Zé me avisou que se não conseguisse resolvê-los, estaríamos numa enrascada. "E ainda bem que não precisaram contratar um advogado, senão teriam que vender o apartamento pelo menos cinco vezes para conseguir pagar". Zé Luiz foi em frente, até inventário do meu pai, morto anos antes, teve que ser reaberto, porque meu pai havia desaparecido como proprietário do apartamento. Trabalhou muito para resolver o abacaxi. No dia 1º de setembro ele me ligou e avisou: "vamos jantar para comemorar". Naquela manhã, Luiz Octavio, que era o inventariante, tinha assinado a venda e tudo estava resolvido.

No dia 4 de setembro comemorei meu aniversário no restaurante Astor e todos ficaram muito felizes, amigos e família, de encontrar Zé tão bem.

No dia 23 de setembro eu chego em sua casa, porque havíamos combinado jantar, e encontro-o morto. Essa imagem não sai da minha cabeça, veio para ficar eternamente, um tipo de transtorno pós-traumático.

O que acontece depois é meio enevoado na minha cabeça.

Um sábado como muitos outros que não acaba bem

É sábado, dia que normalmente Zé encontra a sua tribo para tomar chope no Leblon. Eu saio para ir ao cinema e depois visitar um grande amigo, Jaime Zettel, que acaba de sair do hospital. No caminho, encontro o irmão da minha nora, Nanado, uma pessoa divertidíssima, e damos enormes gargalhadas. Toca o meu telefone e é minha amiga querida, Claudinha, ligando de Portugal querendo saber se há novidades e batemos o maior papo internacional.

Que dia delicioso – penso.

Quando finalmente chego em casa de Rosa e Jaime, começo a ligar para o Zé, para avisar que estou a caminho. Ele detesta que eu chegue e ele não esteja de banho tomado, arrumado para me esperar. Vaidoso como ele só! Zé não atende as minhas três ligações e decido ir assim mesmo. Rosa, mulher de Jaime, me conta depois que na portaria eu disse estar apreensiva. "Não estou gostando dessa história".

Tenho as chaves da casa e quando tento abrir a porta social, não consigo. Xingo Zé por ter deixado mais uma vez a chave na porta. Dou a volta, entro pela porta dos fundos e a casa está um breu. Gelo. Acendo a luz e vejo as chaves em cima da mesa. Está cada vez mais estranho, mas prefiro acreditar que Zé bebeu todas e capotou.

Depois fiquei sabendo que ele havia tomado apenas duas caipirinhas "porque preciso estar bem porque vou jantar com a minha mulher".

Em uma fração de segundo, a vida muda

Vejo uma luz no banheiro e quando entro me deparo com Zé caído no chão. Tranquilo, quase em uma posição de yoga, sem um gesto de defesa ou esgar de dor. Zé é um homem elétrico, tenso e está com uma tranquilidade jamais vista. Costumo dizer que ele nem sabia que tinha morrido, mas amigos espíritas me advertem que não é bom falar isso.

Que ironia da vida: na mesa em que Zé estava com os amigos havia quatro médicos e se ele tivesse passado mal no bar, possivelmente seria levado para o hospital imediatamente e sobrevivido.

Ligo para Rosa, da casa de quem acabara de sair. Ela não entende o que falo, não sabe se estou gargalhando ou chorando e se desespera ao pensar que estou sendo assaltada e ela não pode fazer nada, nem sair de casa porque Jaime precisa de cuidados e companhia. Ligo para Luís, meu filho, e para Marcelo, filho de Zé Luiz. Ligo para meu clínico, o maravilhoso Sérgio Telles, e digo repetidamente, "Zé morreu". Ouço ele falar em igreja e não entendo. Passo o endereço por WhatsApp e logo ele chega – chique, de terno e me diz que estava em um casamento, foi ao consultório, pegou a malinha só para atender rapidamente ao meu apelo. Isso é uma das coisas mais marcantes naquele dia tão terrível. Marcelo toma conta de tudo e dos trâmites do funeral não participo, ainda bem. Chegam homens de uniforme, nada de regata e havaianas, algo bem digno. Demoram a chegar, mas são impecáveis. Amigos do Zé e sua família passam no apartamento. Lembro tudo em flashes esparsos. Meus amigos são poucos, não quero que ninguém diga que dei uma festa, porque bebida não falta na casa. E todo mundo está tenso, embora solidário. Não me deixam sozinha nem um minuto até retirarem o corpo. Chicão, de quem sou amiga desde a infância, colega dos meus irmãos no Santo Inácio, se propõe a me levar para casa.

Eu me lembro bem a partir daí, que chego em casa, preparo um uísque, me sento na cadeira. Com quem vou falar às duas horas da madrugada? Ligo para Claudinha em Portugal, com quem tinha falado há cinco horas na maior alegria. Ela não atende e quase morre ao ouvir o recado no dia seguinte. "Estou chegando agora em casa, é de madrugada, o Zé está morto".

Oh, pedaço de mim
Oh, metade exilada de mim
Leva os teus sinais
Que a saudade dói como um barco
Que aos poucos descreve um arco
E evita atracar no cais

Pedaço de Mim (Chico Buarque)

Quando me despedi dos filhos do Zé depois da cerimônia, disse: "nos falamos de manhã". No dia seguinte, ninguém me liga. Quando volto ao apartamento, está separado tudo que eles levarão. É mais um choque. Não esperava por isso: encontrar o armário vazio.

Em outro momento, algumas pessoas insinuam que terei uma ótima pensão e retruco que nem sei o quanto Zé ganha e que eles estão mais preocupados com dinheiro do que eu. Outros dizem que a pensão deveria ser para a primeira mulher de quem se separara há 20 anos. Desculpe, no meio do caminho ele encontrou outra e preferiu deixar para ela, simples assim. Tenho vontade de dizer algumas verdades e digo um dia para outro alguém, por mensagem: "só fiquei com o Zé porque gostava dele: tenho uma aposentadoria legal, meu apartamento, viajo quando quero e nunca precisei do dinheiro dele".

Ponto final.

Faltam pequenas delicadezas no mundo. Muitos se metem onde absolutamente não foram chamados.

Envelhecer é difícil

Zé estava com 76 anos e não reagia bem ao envelhecimento. Acho que foi graças a Deus que teve uma morte repentina. Ele não ia dar conta, se aborrecia com a ideia de envelhecer. Começava a se desinteressar por coisas que sempre adorara: ópera, por exemplo, que costumava ouvir aos berros. Regia os concertos, que também ecoavam pela casa. Tudo isso é sintoma de lidar mal com o passar dos anos. Digamos que teve a morte que desejava, sem dor, sem doenças, sem ficar preso em um hospital. Isso ele não iria suportar. Acho que nem eu. Ninguém daria conta do Zé internado. Passado o susto, repito, sei que foi uma morte abençoada.

Sua morte me causou um problema sério: no seu apartamento havia um lindo pé de cajá manga no jardim, maravilhoso, frondoso, onde macaquinhos vinham brincar. Sempre disse que minhas cinzas deviam ser colocadas ali. Agora sobra um problema: onde elas serão colocadas?

Talvez tenha que deixar uma carta, um testamento, algum sinal, talvez de fumaça, que seja.

Pensando bem, é um problema que não preciso solucionar.

Zé deve estar rindo nesse momento.

13

Beleza, vaidade e muitos amigos

Dona Lygia Marina era vaidosíssima. Tinha todos os motivos para ser, porque era uma mulher linda. Sempre achei, porém, que a dose era exagerada. Uma vez, após fraturar o fêmur, foi operada e quando saiu da sala de cirurgia a primeira coisa que disse, foi: "minha filha, amanhã quando vier não se esqueça de trazer o meu batom". Sensacional. Era uma mulher preparada, inteligente, amava cinema e teatro. Quando meu pai morreu, em 2005, minha mãe ficou "soltinha na marola", como diz uma grande amiga minha. Era um casamento muito feliz, muito lindo, muito tudo, mas era um casamento, em que há sempre um cerceamento do desejo. Se em momentos foi ruim, isso é um segredo guardado no quarto do casal. Ela e sua amiga Edir, também viúva, saíam todos os dias, nem que fosse para pegar um táxi e simplesmente passear. Um dia, começou a ter problemas de locomoção, recebeu um diagnóstico de hidrocefalia, fez punções: da primeira saiu bem; da segunda, com problemas de comandar bem os movimentos. Tenho certeza de que a vaidade falou mais alto e ela começou a não sair mais. "Deus me livre" – dizia em tom veemente. Para ela, o mundo iria parar se alguém a visse de andador pela Avenida Atlântica. Isso me enlouqueceu bem, não tinha a menor paciência por vê-la emburrecer e passar o dia em frente da televisão vendo programas de quinta. Uma mulher que tinha assinatura do Teatro Municipal, de repente passava o dia vendo Datena e Ratinho.

Na minha fantasia minha mãe morreu por causa da vaidade – exagero, é claro, mas realmente sua vaidade era além de tudo.

Meu pai era vaidoso? Ele era lindo, chique, gostava de estar bem, mas nunca o olhei sob esse ponto de vista. Essa conversa é com Freud, não comigo. Voltando à minha mãe, a vaidosa, como sempre tive como parâmetro alguém que eu achava que era demais, acho que não sou nada.

Gosto de estar bem, de me cuidar, mas algo que faz as pessoas gastarem fortunas, não me diz respeito: cremes. Não tenho hábito, disciplina e acabo jogando fora todos que compro em viagem só para prevenir o ressecamento em climas frios. No Brasil, significa besuntação. Maquiagem uso pouco: batom e rímel. Detesto perfume, me enjoam, só uso aquela colônia alemã de vidro azul. Desde que me entendo, é a única. Houve um tempo em que disseram que ia sair do mercado, para mim uma tragédia. Quando via em uma vitrine, me atirava para dentro da loja para resgatar os que lá estivessem.

Não gasto meu dinheiro com cremes e perfumes.

Gosto do meu cabelo encaracolado – quando era jovem tinha que ser liso e comprido, mas sempre me amarrei nos meus cachos. Tenho uma tendência a não ser gado, não gosto da ideia de que tudo deve e precisa ser igual, que as pessoas tenham que ser ditadas por uma moda. Além do mais, cabelos crescem. Sou novidadeira para shampoo, isso sou, e é uma das minhas vaidades.

Roupas, adoro. Colar, não vivo sem. Não ligo para joia, prefiro uma boa bijuteria. Quando viajo, por exemplo, se alguém abrir a minha mala vai encontrar 50 tons de cinza. Aí jogo um lenço colorido ou um colar bonito e fica tudo certo

Plástica, preenchimento, botox

Para com isso! Entrar em uma sala de cirurgia para acabar com uma ruga na bochecha que acabou de encontrar é puro delírio. Acho que nem iria me reconhecer se fizesse uma plástica. Quando tirasse as ataduras, ficaria em pânico. Estou com a minha cara há 73 anos. Todos os dias olho no espelho e vejo as mudanças e com elas vou me acostumando. Além disso, há o fator genético, minha mãe e meu pai morreram velhos, mas com uma pele lisa. E graças à genética não tenho também aquela coisa pendurada nos braços, aquela pele que impede um tchau. Vovó não tinha, minha mãe não tinha e herdei. Para quem tem pelanca balançando, basta uma manguinha que tudo fica perfeito.

Quem tem aquela pele europeia e vive nos trópicos, vivencia um envelhecimento assustador. Se assim fosse, acho que faria sem pensar duas vezes. Mamas grandes, faria também, caso tivesse peitos.

Preenchimento, não sei nem o que é, embora algumas amigas insistam que eu deva fazer. Nunca me preocupei em saber qual é o produto que é usado para preencher as rugas entre as sobrancelhas. Rugas de expressão, como o nome explica bem. E o vinco da boca, também causado por anos de muxoxos e sorrisos, tenho que preencher também? Balanço a cabeça e sorrio. Um dia, uma amiga passou na sua dermatologista, porque ela havia avisado que havia sobrado Botox. E lá foi ela aproveitar a sobra. Quando ela me contou fiquei abismada e com uma questão: como sobra botox? E outra, só porque está sobrando alguém coloca assim sem mais nem menos?

Envelhecer é a melhor opção, então não fico buscando reproduzir aos 73 anos a minha imagem da juventude. É preciso envelhecer bem, linda jovem e digna velha, como Audrey Hepburn; charmosa como Catherine Deneuve, mesmo que mais rolicinha.

Essa busca desesperada pela juventude jamais acaba bem. A juventude é a única coisa que a gente sabe que passa. Encerro aqui o quesito vaidade.

Dia 6 de fevereiro

Beleza põe mesa – o clichê é verdadeiro?

Nunca me achei bonita. Ou melhor, nunca me preocupei se era bonita ou não. Esse assunto não existia na minha família, aliás cheia de gente bela. Nunca me achei feia, seria uma falsa modéstia. Mas também não ficava avaliando beleza no espelho. Eu me lembro, inclusive, a primeira vez que ouvi um comentário sobre o assunto. Estava em Poços de Caldas, um dos milagres do papai, que colocava a tropa toda em um trem, fazia baldeação para que as férias fossem inesquecíveis. E eram. Eu tinha 14 anos, estava usando saltinho pela primeira vez e um vestidinho estampado. Uma mulher bateu no meu ombro e disse assim: "Você é muito bonita". Fiquei passada, não sabia o que responder, porque não tinha noção disso. Não era uma preocupação.

Com os anos fui aprendendo a lidar com elogios e a ficar lisonjeada quando os recebia. Um deles, para dizer a verdade, nunca esqueci. Nos anos 1970, a praia em Ipanema era o grande point de encontro. Quem não ia à praia, ficava sem programa no sábado. Estava com um amigo e outro apareceu e na mesma hora disse: "Uns com tanto, outros com tão pouco". Estava com 18 anos e adorei, claro. Já sabia que bastava um sorriso e um "obrigada" como resposta.

A verdade, porém, é que não baseei minha história na beleza. Fui jovem em um tempo que cultura, inteligência e bom papo eram bem valorizados. Ou pelo menos pensava assim. Durante algum tempo, trabalhei em uma butique em

Ipanema, na Teixeira de Mello, na galeria da antiga Companhia Telefônica Brasileira. Fernanda Esteves, que criara uma loja chiquérrima para bebês e crianças, começava a derivar para a moda feminina. Eu morava praticamente em cima da butique, estava em uma entressafra de trabalho e topei. A loja se chamava Flash, era pequena, havia uma pequena escada, dois degraus, que levavam à cabine de prova. Meu amado Jaime Zettel conta essa história com uma graça peculiar. Segundo ele, era uma butique feminina em que só iam homens, "todos os homens do Rio de Janeiro viviam lá para fazer a fila da Lygia".

A verdade é que não vendia nada, mas naquela escadinha se sentaram Rubem Braga, que tinha uma livraria na mesma galeria; Di Cavalcanti, que parava na loja, quando ia visitar Rubem; Fernando Sabino, que havia se separado da mulher e batia ponto; Hugo Rodrigo Otávio, um fotógrafo brilhante que se sentava para um papinho antes de ir para o ateliê no mesmo prédio, e centenas de outros que iam ao dentista, era o prédio dos dentistas. Gioconda, que era minha amiga e tinha ido trabalhar na loja por minha causa, dizia que vendíamos pouco porque as mulheres não tinham coragem de entrar, porque havia muito homem por lá.

Um dia, Fernanda decidiu que ia se mudar para Portugal. Eu e Gioconda resolvemos comprar a loja. Minha vida virou uma loucura, porque já havia passado em um concurso público para professora, e ficava correndo de um canto para o outro. Um dia, disse para Gioconda que não ia continuar, que estava cheia do povo que experimentava e não comprava, que não aguentava mais dobrar roupas, especialmente porque em casa nem as minhas eu dobrava.

Encerramos nossa sociedade sem problemas e ficamos amigas pelo resto da vida.

E a fila da Lygia? Jaime Zettel garante que acabou. Digo, porém, que aquela "homenzarada" toda sentada na escadinha foi uma época bem divertida.

De verdade, com a ingenuidade da juventude, tinha certeza de que Luiz Fernando se aproximou de mim pela minha conversa; que Tom Jobim escreveu um verso no nosso primeiro encontro por causa da minha inteligência e tantos outros se encantaram por causa do meu conhecimento da língua portuguesa, certamente a "fila da Lygia" era de pessoas interessadas no meu brilho.

Hoje sei que não era bem assim, mas o que importa é que não construí a minha história em cima de um rosto bonito, porque teria sido muito difícil – como é para todas as pessoas que assim o fazem.

Para elas, o envelhecimento é uma morte. Minha cara acabou, meu tempo passou e só resta desaparecer.

Para com isso! Sou o oposto disso.

Todos os dias olho no espelho, respeito as minhas rugas, coloco meu colar e vou à luta. Pela vida e pela alegria.

14

A fila anda

O seu jantar estava ameno, fraterno, perfeito. Tudo o que faz bem ao Fernando e a nós todos. Abraço. Otto Lara Resende

Que bom ter o meu livro na estante de Lygia Marina. Dedicatória de Carlos Drummond de Andrade

Entre seus companheiros de copo, havia aqueles que alegravam a mesa e eram eternamente bem-vindos à roda: Marcos de Vasconcellos, Aluísio Salles, Carlinhos Oliveira (nos primeiros copos), João Luís de Albuquerque e Rubem Braga, com todo o seu silêncio e casmurrice. Em reportagem de Marco Antônio de Carvalho

Não perço nada: livros, dedicatórias, bilhetes, contra-cheques, reportagens, muito menos amigos. Conto nos dedos de uma só mão os que saíram da minha vida por vontade minha, deles ou mútua. E como sobram dedos. As amizades que fiz, a convivência com pessoas geniais que tive, me fizeram ser a pessoa que sou.

Gente é algo que me dá o maior prazer. Tenho muita disposição para a vida e assim faço amigos pelas esquinas, na hidroginástica, na feira, nos bares, onde eu estiver. Aqui ou em qualquer lugar do mundo. Em qualquer país, procuro um bar com música – combinação perfeita. Gosto de viajar sozinha ou muitas vezes não tenho companhia para esse programa uísque/jazz, o meu favorito. Sem problema algum. Sento-me no balcão e a chance de eu não puxar uma conversa ou puxarem comigo é zero. Na pior das hipóteses, dali a um minuto depois de eu ter pedido o meu uísque, o barman conversará comigo. Quando reservam para mim um lugar em uma mesa com três estranhos, em cinco minutos está todo mundo conversando. Quem está no local, gosta das mesmas coisas e o entendimento é fácil.

Tenho amigas que não vão ao cinema no bairro em que moram sem uma companhia. Acho isso uma piração sem tamanho.

Fiz grandes amizades me sentando sozinha nos mais variados bares. No Brasil, frequento regularmente o Astor, antigo Barril 1800, na praia de Ipanema; Garden, na fronteira de Ipanema com Leblon, que era o local que Zé amava, e mesmo depois de sua morte continuei indo; Jobi, o meu boteco, às duas da manhã, botando gente pelo ladrão, se decido tomar uma saideira depois de um show, é o lugar que vou, porque em meio minuto aparece uma mesa para mim.

Adoro ser uma mulher do bar!

Eu só vou a lugares onde sou tratada a pão de ló pelo garçom. Se ele não sabe quem eu sou, não tem graça.

Antes que você pense que sou uma boêmia inveterada, aviso que adoro um happy hour, e só de vez em quando estico a noite.

Sou uma boêmia que quase sempre vai para a cama às dez da noite.

Nem sempre foi assim. Quantas noites virei, sentada no balcão ou em mesa de um bar. Acho que alguém ainda precisar escrever um livro sobre o Antonio's e o Florentino, que marcaram a noite carioca de uma forma jamais igualada. Florentino era sócio do Manolo no Antonio's e um dia decidiu abrir o restaurante e bar com seu nome, todo decorado pelo Gilles Jacquard, um lugar charmoso e de aconchego.

Com Fernando, íamos praticamente todos as noites ao Florentino.

Quando trabalhava no Centro da Cidade, pegava o frescão e era catapultada no final do Leblon, direto para o estabelecimento mais charmoso da época.

Nossa, amava o charmoso bar, e quase nunca eu e Fernando íamos ao restaurante. Parávamos no balcão, tomávamos uísque e éramos felizes.

Um dia, Florentino resolveu abrir um negócio em Brasília e lá fomos nós para a inauguração. Ele decidiu ficar mais na capital e seu sócio, Paulinho, meu amigo até hoje, aqui no Rio. E foi ele que me convidou, já que era frequentadora assídua, a organizar alguns eventos lá. Como aceito participar de qualquer clube que me convida – já disse isso e repito – topei, é claro. Comemorei dois ou três aniversários na casa, que pararam a rua, a San Martin, no Leblon. Como eles serviam uma cavaquinha inesquecível, inventamos uma festa para 100ª vendida.

Foi também o máximo.

Florentino era tudo de bom. Acabou como tantas outras coisas boas do Rio de Janeiro. Lá vou eu de novo com a minha ladainha. A ida de Florentino para Brasília foi fator importante para isso acontecer. Paulinho, o sócio financeiro até então, precisou assumir integralmente. Mas ele não era um homem do bar, bebia no máximo três goles de cerveja. Faltou em determinado momento o olho do dono que entendesse do ramo. Paulinho se esforçou muito, mas ele não tinha aquele charme necessário para tocar um negócio na noite carioca. Um dia, resolveu desistir.

Quando acabou? Prefiro nem lembrar.

Acho que foi na virada do século.

Mais uma vez meus netos vão ler isso e pensar como a avó é jurássica.

Amigo é coisa para se guardar
No lado esquerdo do peito
Mesmo que o tempo e a distância digam "não"
Mesmo esquecendo a canção
O que importa é ouvir
A voz que vem do coração

Canção da América (Milton Nascimento e Fenando Brant)

Quando me casei com Fernando, passei a viver em outra galáxia, a da intelectualidade mineira, Pedro Nava, Carlos Drummond de Andrade, os mais novos, que formavam o quarteto com Sabino – Paulo Mendes Campos, Otto Lara Resende e Hélio Pellegrino. Com Paulo tive pouco contato, mas Otto ficou bem próximo. Guardo dele as melhores lembranças: Larinha, como eu o chamava, era brilhante, divertido, engraçado, depressivo, eufórico, irritadiço, conciliador, angustiado, insone, sempre reclamando de uma constante dor de cabeça e se sentindo um velho. Mas era o centro das atenções em qualquer festa que estivesse. Otto sabia TUDO. Ele adorava afirmar que não tinha ido a festas, coquetéis, almoços e jantares para os quais era convidado. "Dei só uma passadinha" – repetia. Era tempo suficiente, no entanto, para brilhar, fazer meia dúzia de gracinhas, acrobacias verbais e físicas e deixar as melhores lembranças.

Hélio já conhecia de outros carnavais e elevadores, mas nossa amizade se intensificou na época. Foi ele, inclusive, um dos primeiros a detectar que meu casamento ia de mal a pior. Depois de um jantar fraterno, ele comentou ainda no elevador, "Lygia não vai segurar o nosso amigo, não, ela não está dando conta". Rubem Braga sempre foi meu companheiro de bar, de galeria, de papo. Zélia Gattai e Jorge Amado foram amigos que permaneceram, inclusive, depois da minha separação. Sempre fui bem recebida por eles na Bahia ou em qualquer lugar que nos encontrávamos. Sábato Magaldi e Edla Van Steen também, e como eles me fazem falta.

É fascinante conversar com todos eles, compartilhar suas histórias, ver como a cabeça deles funciona. Não consigo esconder a minha admiração, que, para eles, claro, é muito lisonjeira.

Escritores são solitários, mas, como todos, gostam de saber que são admirados ou, melhor ainda, amados.

Com o carioca Autran Dourado tenho uma história curiosa: quando estava ainda namorando Luiz Fernando ele fez um roteiro adaptado de *A Barca dos Homens*, de Autran, e quem datilografou fui eu. Com o maior prazer, porque o roteiro era ótimo e eu adorava o escritor. Um dia estivemos na casa de Autran para conversar sobre o projeto e foi uma noite bem agradável.

Vida que segue.

Onze anos depois, já casada com Fernando, encontramos Autran, que se lembrava perfeitamente de mim, para minha total surpresa. Conversamos por horas, não nos tornamos propriamente amigos, é verdade, mas essa lembrança ficou para sempre.

Darcy Ribeiro – existe pessoa mais interessante do que ele? Exuberante, adorável, tenho muito orgulho de ter sido sua amiga.

Quando eu imaginei que ia tomar um drinque com Octavio Paz? Prêmio Nobel de Literatura, um homem charmoso, brilhante, com uma mulher, Marie-José, com todas essas qualidades também, além da beleza. Vargas Llosa, com quem jantamos quase todas as vezes em que esteve no Brasil. Adolfo Celi, o *bon vivant* italiano, que veio nos encontrar em Roma pilotando sua lambreta, no mais puro estilo *dolce vita*.

Certamente quando estava na casa de Botafogo e essas pessoas eram somente referências na biblioteca ou nas revistas de cinema, jamais teria pensado em conhecê-las e poder compartilhar momentos tão sensacionais. Sem dúvida, tudo isso aconteceu por causa do meu casamento com Fernando. Verdade que ele nem gostava tanto de eu ter ficado também próxima dos seus amigos. Acho que, às vezes, ele preferia que eu nem fosse tão convidada. Mas não era o que acontecia.

New York, New York

Nova Iorque é a minha cidade. Amo. Tudo. Desde a primeira vez em que fui, fiquei enlouquecida. Lá, eu me sinto em casa. Ela me oferece tudo o que gosto. Eu tenho paixão pelo frenesi de Nova Iorque. Eu quero me matar no Rio Hudson. Que bobagem! Eu quero é viver à beira do Hudson. Aliás, tenho certeza de que lá vivi, em outra encarnação.

Uma coisa que me estimula a ir pelo uma vez por ano para lá são os amigos. Prefiro, inclusive, ir à Nova Iorque sozinha, são tantas pessoas com quem tenho que jantar, tomar um drinque, que não sei muito bem o que fazer com aquela pessoa que está, pelo menos teoricamente, viajando comigo.

São muitos amigos, mas se tivesse que falar somente de um, não hesito: Dom Salvador. Somos amigos há 40 anos, ele é um pianista maravilhoso radicado há anos por lá. Sempre a música me unindo às pessoas. Há um tempo, fui três vezes à Nova Iorque no mesmo ano só por causa de Dom Salvador: ele comemorou suas Bodas de Ouro, depois os 60 anos do Rio 65 Trio e para passarmos o réveillon juntos. Amo Dom Salvador e todo mundo sabe disso. Ele sempre achou muito engraçado uma expressão que já usei mais, "para com isso", e resolveu fazer um chorinho absolutamente delicioso, gravado até, *Para com Isso*. Tenho a partitura dedicada a mim.

Querido Dom, ser uma espécie de musa para você me encanta todos os dias.

Amigos para sempre

Sou gregária e acumuladora de amigos. Tenho ímã para pessoas e falo com todo mundo. Outro dia, passeando com meu neto Lucas, em três quarteirões cumprimentei uma dezena de pessoas. "Vovó, você conhece mesmo todos?". "O que posso fazer, as pessoas gostam de mim" – respondi rindo. E isso acontece com regularidade, entre a minha casa e a feira da General Osório, que é bem perto, sempre encontro no mínimo meia dúzia de pessoas. Dou um alô para um vizinho, encontro uma colega da hidroginástica e vamos à feira juntas, esbarro com amigos comprando e já entabulo uma conversação, que me dá oportunidade de conhecer novas pessoas, entrar em novos clubes, puxo papo com os feirantes e assim vou angariando gente ao meu redor. Sem falar em garçons, taxistas e feirantes, que são o meu eleitorado – puxo conversa com todos.

Se fiz muitos amigos ao longo dos meus casamentos, continuei fazendo ao longo da vida, mas jamais abandonei aqueles que estiveram junto comigo desde a infância.

Uns tiveram o mau gosto de morrer e dificilmente me conformo com essa situação. Outras, ainda bem, ainda estão por aqui, como as queridas meninas que comigo estudaram no Sion, com quem me encontro com uma enorme frequência. Uma vez *enfant de Sion*, para sempre será.

Sei que amigos não podem constar do nosso currículo, mas adoraria incluí-los.

Alguns me perguntam: existe um segredo para ter tantos amigos?

Um deles é ser generosa e não descartar ninguém do seu passado só porque a pessoa ficou mais chata. Outro é estar aberta para novas amizades. O pai do Otto Lara Resende costumava dizer que não queria conhecer mais ninguém, "já conheço gente demais". Sou o contrário disso.

Talvez não exigir das pessoas mais do que elas podem dar.

Melhor, respondo com as palavras do poeta Carlos Drummond de Andrade:

A cada dia que vivo, mais me convenço de que o desperdício da vida está no amor que não damos, nas forças que não usamos, na prudência egoísta que nada arrisca, e que, esquivando-se do sofrimento, perdemos também a felicidade.

15

Minha família

Todas as famílias felizes se assemelham; cada família infeliz é infeliz à sua maneira

Ana Karenina (Leon Tolstoi)

Juro que procurei nos meus guardados uma música que representasse a minha família. Nada encontrei. Quando me deparo com essa frase, penso: não sei como são as outras famílias felizes, mas sei bem como é a minha. Infelicidade não é uma marca dos Sá Leitão Pires de Moraes. Somos seis pessoas diferentes, mas que se complementam de alguma maneira. Cada uma tem algo especial. Acho-os absolutamente adoráveis. Hoje temos um grupo de WhatsApp da família, Irmãos Moraes. Se, para muitos, isso é um verdadeiro inferno, para nós é uma forma de estarmos juntos – três moram no Rio e três fora. Fica difícil reunir a turma toda, mas é um esforço que gostamos de fazer.

Nelsinho, o aventureiro

Nelsinho é dois anos mais moço do que eu. A primeira lembrança que tenho dele é enrolado em um infecto cobertorzinho azul claro. Ele passava o dia inteiro agarrado nesse cobertor. Vou para a escola mais cedo, porque ele nasce, e isso sempre me causa uma certa estranheza, especialmente quando a minha mãe esquece de me apanhar na hora da saída do colégio, chega atrasada, e ainda por cima, empurrando um carrinho de bebê. Nelsinho é um figuraço. No dia em que estava no hospital para ter meu filho, Nelsinho pegou a sua mochilinha e partiu a pé para o Peru. O resto da vida ouvimos o saudoso Cristiano Menezes narrar essa partida: ele levou-o até a Avenida Brasil e ficou acenando até perdê-lo de vista no começo de sua longa caminhada. Durante muitos anos, Nelsinho morou pelo mundo, Bahamas, Colômbia, não sei mais onde. Lindo, fez uma ponta em *Aguirre, a Cólera dos Deuses*, de Werner Herzog. Ao ler que o diretor está pensando em filmar de novo na Amazônia, se animou todo: "vou mexer os meus pauzinhos". Nelsinho hoje mora em Curitiba, é um homem bem-sucedido, seríssimo, dono de uma agência de viagens, mas não perde o seu lado aventureiro: este ano mesmo fez uma viagem linda, de Graceland, de Elvis Presley, em Memphis, no Tennesse, a Nova Orleáns, no Mississipi, um roteiro pop/jazz/soul. E tudo terminaria em Bethel, no estado de Nova Iorque, para a comemoração dos 50 anos de Woodstock. Quando li que as festividades não iam acontecer, mandei recado para o Nelsinho, que, descolado, me garante: "o show que vou, vai acontecer, é pequeno e em uma fazenda vizinha". Casado há muitos anos com uma colombiana, Ângela, tem dois filhos adoráveis: Felipe e Nelson Neto.

Chico, o hippie

Chico é o último hippie do planeta. Sempre foi meio ovelha-negra da família. Acho que a letra de Ovelha Negra, de Rita Lee, se encaixa à perfeição nele: "*Levava uma vida sossegada/gostava de sombra e água fresca/ Meu Deus, quanto tempo eu passei/ sem saber/ Foi quando meu pai me disse um dia/ Você é ovelha negra da família/ Agora é hora de você as-*

sumir/ E sumir". Não estudava nada, nem sei se fez o ensino fundamental completo, era um típico personagem dos anos 1970, puxava fumo o dia inteiro e como eu implicava com isso. Eu, como sempre, falando a mil por hora. Ele, aquela coisa "leeenta". Meu pai não o expulsou como na música, mas na trilha "riponga", ele foi morar na Bahia, casou-se com Gilka, e teve uma filha chamada Estrela. Claro! Tem outro filho, de outra mãe, que mora no Havaí e chama-se Sidartha. Sempre tive pena de a pobre criança ter que arcar com esse nome, confesso, mas depois descobri que a partir de certa idade ele escolheu ser chamado de Daniel. Eu e meus pais adoramos chamá-lo assim. Pena, mas acho que Daniel caiu em desuso, mas não tenho certeza, porque tenho poucas notícias dele. Em termos de trabalho, Chico foi sócio de uma confecção que fabricava bolsas lindas; em Salvador, começou a trabalhar com entalhes em madeira e fez uma porta lindíssima na loja de presentes da Gilka e mesas deslumbrantes para a Pousada do Carmo. Sempre nômade, morou em Friburgo, Trancoso, Porto Seguro, Barra Grande, Fortaleza, Jericoacara. Hoje mora em Barrinha, no Delta do Parnaíba, Piauí. Chico escolheu a vida que queria viver, pesca o peixe de cada dia e come. Dorme com as galinhas acorda ao alvorecer. Desde criança tem problemas no pulmão, fumou a vida inteira e recentemente precisou ser internado. Morremos de preocupação, mas é claro que Chico é amigo do dono do hospital, um médico ultra gente fina e ele foi muito bem tratado. Quem faz escolhas alternativas, tenho certeza de que o anjo da guarda dá uma ajuda.

Claudio, o desbravador

Claudio é bem parecido com meu pai e tem a altura do vovô. É um bonitão, bem másculo, meio Rock Hudson. E até engraçada a frase quando pensamos tudo o que sabemos hoje da biografia de Rock! Mas, digamos assim, Claudio lembra o personagem que Rock criou para seus filmes, onde dissimulava e ostentava virilidade. Quando Claudio avisa aos nossos pais que não vai fazer vestibular, eles surtam. "Três filhos hippies, não vou aguentar" – minha mãe reclama. Um amigo de infância de meu pai tem fazendas no Brasil, no Paraguai, no raio que o parta. Seu filho havia sido colega dos meninos. Meu pai pergunta se o amigo não quer levar Claudio para uma de suas fazendas, porque ele adora bicho. E assim sumiu o possível novo hippie. Ele foi e três meses depois já estava preparando a documentação para estudar veterinária no Paraguai. Seis anos mais, se formou e foi considerado o melhor aluno da faculdade. Lá ficou, se casou com uma moça da elite paraguaia, cunhada do presidente. Até réveillon no Palácio do Governo eu fui. Maria Gracia, sua filha, é muito parecida comigo. Uma vez ela veio à minha casa, e, quando entrou, Fernando estava conversando com Otto e disse, bem impressionado: "está entrando aqui a Lygia Marina com cinco anos de idade". Seu outro filho se chama José Inácio e é um verdadeiro índio paraguaio. Quando eles se separaram, Claudio perdeu bastante o contato com os filhos, consegue vê-los bem menos do que gostaria. Hoje mora em uma cidadezinha, em Mato Grosso do Sul, mas fica em fazendas a maior parte do tempo. Recentemente teve um problema de saúde, um tumor no fêmur, e tudo se resolveu bem. Cidade pequena é outra coisa: "a vizinha vai trazer comida para mim todos os dias" – nos tranquilizou. Pouco depois, estava montando de novo. Seu trabalho atual é bem interessante, ele faz doma de cavalos.

Katya, a amada

Quantas vezes pensei aos 12 anos que era absurdo meus pais irem ao cinema e me deixarem cuidando daquela fedelha. Por que preciso trocar fraldas, se meus amigos estão se divertindo lá fora? Durante mais de uma década eu reinei soberana entre os meninos, até surgir a minha irmã Katya. Tive ciúmes, tive sim, mas ficou lá atrás no passado. Acho minha irmã o máximo, jantamos juntas com frequência e de vez em quando ela dorme na minha casa, porque mora no Recreio dos Bandeirantes. Katya fez Biblioteconomia na Unirio, e surpreendeu a todos, não era a melhor aluna do mundo no segundo grau, fez o vestibular sem contar a ninguém, passou e levou super a sério os anos na universidade. Depois de formada, só trabalhou em lugares bacanas: muitos anos esteve no Centro de Documentação da TV Globo; quando Ana Lúcia Magalhães Pinto criou o POP, polo do conhecimento contemporâneo, Katya foi trabalhar lá. É no POP que ela fica amiga querida, amada, íntima do poeta Eucanã Ferraz. Ele indica-a para projeto no Instituto Moreira Salles, onde ela está há dez anos. Katya trabalha no setor de literatura e durante muitos meses esteve envolvida na pesquisa sobre Fernando Sabino para o portal do IMS. Nesse trabalho foi ajudada por mim e por Humberto Werneck. Sua filha Luiza é muito bonita, mas era a pessoa mais tímida que conheci. Ela fazia questão de se esconder, inclusive a altura, tinha uma postura péssima. Isso me deixava louca, porque é o oposto de mim. Sempre tive orgulho dos meus 1.75m. Fui contra também quando ela quis fazer uma plástica no nariz. Luiza teve um acidente grave de carro e essa experiência mudou-a, decidiu fazer teatro, o que foi uma experiência maravilhosa e resolveu, depois de um certo tempo, morar na Austrália. Vive bem lá, ganha dinheiro como cuidadora de idosos, faz cursos variados e aprendeu que é linda. Katya mora em um apartamento de Luiza, herdado do pai, Rutênio, que foi embora cedo, uma pessoa adorável. Vivo tentando convencer Katya a vir para mais perto, mas ela está bem instalada lá. Acabei me conformando, mas adoraria que ela estivesse bem juntinho.

Luiz Octavio, o companheiro

Luiz Octavio, já disse, é o meu Cirineu, o que me ajudou a cuidar de Tia Germana. Com a nossa mãe foi incansável: todos os dias, até ela morrer, eles almoçavam juntos em sua casa. Eu estava perto, mas ele foi presente 100%, assumiu partes que não me interessavam nem um pouco. Eu nem sabia o que era E-Social? E nem sei ainda, mas Luiz Octavio cuidava de tudo, pagava as acompanhantes, fazia as escalas e lidava com o tal e-social, que eu chamava de i-social, como se em inglês fosse. Quase um I-phone. Em matéria de empatia, Luiz Octavio é imbatível. Com certeza, vai tomar conta de mim. Rimos muito quando eu digo isso, mas conto com isso. Ele nasceu em 1961, quando estava me formando no ginásio. Sou sua madrinha e Tio Vavau, o padrinho. Luiz Octavio sempre foi uma pessoa especial, interessante e cujas histórias entraram para o folclore familiar. Não foi fácil ser o caçula numa família de seis irmãos. Um dia, na linda casa com jardim e laguinho – não havia dengue na época, só um monte de peixinhos na água – alguém avisou: "Luiz Octavio caiu no lago". Ninguém nem se mexeu. "Já saiu?". "Então, tudo bem". Cada um queria mais era cuidar da própria vida. Ele era bem pequeno, mas safo. Só assim sobreviveu cercado dos adultos. Ele sempre foi muito interessado em teatro, não sei se por estímulo da minha mãe, mas aprendeu a ler sozinho só para entender o que estava escrito nos programas das peças que amava. Acabou ator e é um homem do teatro, em todos os sentidos. Vive para isso e continua com a paixão, vê tudo que está nos palcos. Faz pouco cinema, e quase nada em televisão. Luiz Octavio é na dele, pacato, de bem com a vida. Todo mundo o ama. É uma unanimidade entre as minhas amigas. E entre as suas, pois o que mais fez foi angariar pessoas pela vida. Nisso somos parecidos. Mora em um apartamento que é uma graça, de sua amiga/irmã Louise Cardoso, companheira de Teatro Tablado e pela vida. Para mim, ele é o eterno garoto. E que garoto bacana!

16

Além da musa

Sempre que sou apontada por alguém como a "musa de Tom Jobim", com humor acrescento que, embora nem todos saibam, fiz mais coisas na vida. E rimos – o sorriso é a solução para qualquer mal-entendido e a "arma" perfeita para fazer amigos. Descobri muito cedo, e como gosto mesmo de sorrir, rir e gargalhar, tudo certo e na medida.

Sempre foi claro para mim que precisava trabalhar. Eu queria meu dinheirinho para fazer roupa nova para a festa de sábado. Não aguentava ouvir minha mãe dizer: "tenho tirado um pouco da feira para comprar um sapato". Meu pai era generoso, mas não nadava de braçada com tantos filhos para criar. Comecei dando aulas particulares em casa, mas assim que me formei no segundo grau – na época, o Clássico – fui convidada para dar aulas em uma escola em Laranjeiras, São Tarcísio, pequena e com uma proposta bem clara: preparar os alunos para as provas de entrada no primeiro grau nas badaladas escolas cariocas, como Sion e Santo Inácio, onde não havia alfabetização. Meu pai implicava um pouco, porque não tinha carteira assinada e isso ia me atrapalhar na hora da aposentadoria. Eu, com 18 anos, não estava nem um pouco preocupada com isso. Vivia o presente, satisfeita. Claro que quando fui me aposentar, faltavam os três anos que passei lá, e precisei comprovar com fotos, e usei a minha rede de amigos para conseguir esse material, inclusive antigas alunas do São Tarcísio. Tudo isso me permitiu um encontro com minhas aluninhas, que ainda me chamam de Tia Lygia – sensacional.

Não me chamo Anacleta e não moro em Brasília

Preciso fazer uma pausa na minha vida como professora, que será longa, para contar um episódio que só poderia ter acontecido comigo, creio. O Banco Central foi criado em 31 de dezembro de 1964, e logo depois saiu um edital de concurso. Todo mundo deu a maior força para eu fazer, inclusive meu pai, que acreditava ser a oportunidade da minha vida. Juntei uma turminha, dois amigos, uma amiga e um namorado e estudamos todas as tardes na minha casa em uma mesa gigante, onde fazíamos farra ao mesmo tempo. O lanchinho que minha mãe preparava era parte da festa. No dia do concurso, a amiga não acordou – adoro gente assim! – um dos amigos achou que nem valia a pena fazer, o meu namorado nem lembro bem se foi, mas acho que sim. Detalhes que me esqueci.

No dia em que saiu o resultado, meu pai não aguentou de ansiedade e foi onde eu estava com o Diário Oficial debaixo do braço, em uma euforia absurda. Só eu havia passado do grupo. Era craque em datilografia, uma das coisas que as mulheres aprendiam para no futuro, quem sabe, serem secretárias, batia com os 10 dedos, e isso foi bem útil nesse concurso.

Um belo dia, sou chamada para tomar posse. E isso significava trabalhar em Brasília. Em um banco.

Isso teria mudado minha vida para toda a eternidade.

Tive uma premonição do que seria essa vida: meu nome seria Anacleta, eu moraria em Brasília, me aborreceria todos os dias em um escritório, casaria com um burocrata chato e teria quatro filhinhos, que seguiriam a carreira do pai e da mãe e passariam o resto da vida também trancafiados em um escritório.

NÃO!

Tomei a decisão de abrir mão do concurso. O diálogo com meu pai:

– Pai, não vou tomar posse coisa nenhuma. Estou decidida, chance zero de eu mudar de ideia.

– Você que sabe, a vida é sua. De qualquer maneira, parabéns pela aprovação.

Pensando bem, hoje poderia ter uma aposentadoria robusta, mas os 40 anos de infortúnio não compensariam.

Prefiro ter vivido tudo o que vivi.

Cai o pano!

> *Se não fosse imperador, desejaria ser professor. Não conheço missão maior e mais nobre que a de dirigir as inteligências jovens e preparar os homens do futuro.* (D. Pedro II)

Ser professora é definitivamente a minha vocação. Fiz um período em Administração de Empresas (devia ser eco ainda do Banco Central), de 1966 a 1968, na Escola Brasileira de Administração Pública, EBAP, da Fundação Getúlio Vargas. O curso era excepcional, abrangente, em que nos primeiros períodos os alunos estudavam Direito, Sociologia e Filosofia. Fui aluna, por exemplo, do sociólogo Guerreiro Ramos e do juiz Francisco Horta, entre tantos outros da fina flor da intelectualidade.

Em 1968, ano da minha reviravolta, decidi migrar para Letras na PUC, Língua Portuguesa e Literatura Portuguesa. Se fosse hoje, optaria por português/inglês. Adoro estudar línguas. Logo comecei a trabalhar em grandes colégios da época: primeiro, no Brasileiro de Almeida, onde aprendi o que era diversidade, embora ninguém pensasse ainda sobre o assunto, lá todas as crianças eram bem recebidas. Um ano depois, fui lecionar no Souza Leão. Os dois colégios acabaram, mas me ensinaram bastante.

Meu namorado mora em frente ao Souza Leão e todos os dias faço um pit stop em sua casa, almoço e depois vou trabalhar. Até conhecer Luiz Fenando é essa a minha rotina na casa do namorado, que vira noivo, e aí você já conhece a história.

O lado que não contei é que estava tão enlouquecida com a nova paixão que decidi pedir demissão do Souza Leão. É claro que um lado meu acha leviano largar a turma antes do final do ano, temo que todos vão pensar que sou uma tonta, mas o lado da paixão sem solução referenda a minha decisão. Com o tempo volto a ter contato em inúmeros eventos culturais com Maria e Leda Pelegrini, irmãs donas do colégio, e fui tratada com um carinho imenso. Foi bem importante ver que algo que me assombrava, na verdade não havia sido um problema para elas.

Eu me formei na PUC em 1972.

Desde a saída do Souza Leão choveram alunos para aulas particulares e consigo ganhar um bom dinheiro. Acho que isso acabou. Ou será impressão minha? Um dia vejo um anúncio para professor na escola Saint Patrick, no Leblon, para classes de 5ª a 8ª, e estava explicitado de que eram necessários três anos de experiência. Eu não tinha para essa faixa etária. Quando mostro meu currículo para o Professor Batalha, diretor do colégio, explico a vontade de dar aulas naqueles períodos, e ele pergunta: "mas a Sra. não sabia que eram precisos três anos de experiência". Respondi de imediato: "Sim, mas se o Sr. não me der essa chance, jamais vou ter experiência". Ele levou tamanho susto – acho que ninguém havia argumentado assim – que me contratou.

Só saí de lá sete anos depois.

Foi uma experiência encantadora, em que conheci pessoas extraordinárias. Luís pôde estudar lá, foi alfabetizado muito bem e passou para o Santo Agostinho sem problemas. O colégio era famoso por suas provas para entrada no primeiro grau, que tiravam o sono das mães. Eu não estava nem um pouco preocupada, levei-o para fazer a prova, fui dar aulas, enquanto via pelo caminho todas se descabelando com medo do filho não passar.

Em paralelo com a escola particular, fiz um concurso público. Como sou boa em concursos, passei. Remexendo nos guardados, encontrei um cartão assinado pelo governador Chagas Freitas (o mundo gira, marido da minha amada Zoé) cumprimentando pela aprovação e me dando posse.

Ao passar em um concurso público, você é fatalmente designada para trabalhar em uma escola o mais longe possível da sua casa. Comigo não foi diferente, fui mandada para uma escola em Campo Grande. Não tinha noção de como chegar lá, mas me recordo que andei um bom caminho no meio de um matagal. Como fiz para chegar no matagal, apaguei da minha memória. Nessa época já estava casada com Fernando, e Miro Teixeira, seu genro, era muito presente na minha vida. Foi ele que me indicou a Secretária de Educação, Professora Mariana Restum, com quem fui conversar. Como nasci com rabo para Lua, ou pelo menos creio firmemente nisso, expliquei o meu problema, que morava em Ipanema, tinha um filho pequeno, e que não conseguiria sair de Campo Grande às sete da noite. Ela me indicou alguém na Coordenação, que era no Jardim de Alá, na divisa de Ipanema com Leblon. Lá soube que havia duas vagas na Zona Sul, uma lá mesmo no Jardim de Alá e outra, que preferiam que eu aceitasse, na rua Jangadeiros.

A escola era literalmente na esquina da minha casa. A escola Marília de Dirceu, na subida do Morro do Cantagalo, foi uma das melhores experiências da minha história. Nós, professoras, fazíamos trabalhos em comum, a base do construtivismo. Trabalhava lá com muita alegria. Havia gabinete dentário, aulas de arte, de canto, de música. O lanche era tão bom, que nós, professores ficávamos paquerando se sobrava algum, para poder comer o sanduíche maravilhoso feito pelas merendeiras.

Parece que estou inventando, reconheço.

Onde foi parar essa escola pública?

O Brasil realmente desceu ladeira abaixo.

O Rio de Janeiro, nem se fala.

De manhã estava no Saint Patrick. De tarde, no Marília de Dirceu.

Começava às sete da manhã e acabava sete da noite, amando tudo.

Mudanças são fundamentais

Alfredo Machado, dono da Editora Record, com quem Fernando negociou por anos a distribuição de seus livros, era um homem agradável, inteligente, rápido nas respostas e mulherengo. Tinha várias, duas titulares e várias reservas. E foi almoçando com Alfredo, que recebi a sugestão de uma delas: "Manda seu currículo para mim, sua vida está complicada, sai de um colégio e vai para o outro e com salário mixuruca". Ela era assessora do presidente do Mobral e em pouco tempo eu estava trabalhando lá e recebendo salários mais do que dignos. Digamos que saí de mil dinheiros (não dá para arriscar qual era a moeda da época) para sete mil dinheiros.

No CPDOC, da Fundação Getúlio Vargas, encontro a gênese do Mobral, melhor do que confiar na minha memória: *Pela Lei nº 5.379, de 15 de dezembro de 1967, foi criada, no âmbito do Ministério da Educação, uma fundação de direito público com o nome de Movimento Brasileiro de Alfabetização, com a ambiciosa meta de alfabetizar 11,4 milhões de adultos até 1971, objetivando a eliminação total do analfabetismo no país até 1975. Depois de um período de organização e ensaios de estratégias de atuação, o Mobral começou a funcionar, efetivamente, em setembro de 1970, contando com recursos da Loteria Esportiva e do Imposto de Renda, além de doações de empresas estatais e particulares.*

Mobral foi uma experiência maravilhosa, apesar das inúmeras críticas que encontro em diversos jornais da época. Estávamos em plena ditadura, e qualquer iniciativa do governo militar não era recebida com entusiasmo, o que não era totalmente desprovido de razão. O que poucos sabiam era que nós, os professores, trabalhávamos com o método de Paulo Freire. Ninguém falava sobre isso, claro, para não ser preso, e nos relatórios estava indicado: método Mobral.

E o que era esse método? No interiorzão do Brasil, muitas vezes dávamos aulas embaixo de uma árvore para um homem com a mão calejada do trabalho pesado. Pegar no lápis, que já exige uma sintonia fina, é penoso para quem passa o dia na enxada. A primeira palavra que ensinávamos era simples: tijolo, algo que faz parte da sua realidade. E por aí seguíamos.

Mobral não era só alfabetização, havia ensino profissionalizante e uma parte forte cultural, e cuja proposta era criar um Centro Cultural em cada município, com cinema, teatro, artes plásticas, artesanato e música. Muita gente boa trabalhava na parte cultural, um dos consultores era o professor e filósofo Luiz Alfredo Garcia Rosa. Na coordenação de cinema, por exemplo, estavam Valério Andrade, Carlos Fonseca, Salviano Cavalcante Paiva. Eu logo migrei da parte educacional para a cultural, que muito me interessava. A minha diretora no Centro Cultural era Maria Luiza Condé, viúva de José Condé, que conhecia o mundo literário como ninguém, e organizava um concurso para escritores que era prestigiado por todos os grandes autores. Sérgio Chapellin apresentava um programa de rádio sensacional, *Domingo Mobral.*

Havia a Mobralteca, um projeto genial de um caminhão, que abria na frente e atrás e percorria as cidades com reprodução de quadros famosos, distribuía telas para que todos pudessem expressar o que haviam aprendido nas aulas de artes; fazia distribuição de instrumentos musicais para a formação de bandas, e muitas foram formadas por esse Brasil; proporcionava aulas de tricô, crochê, costura, cerâmica.

A Mobralteca era o máximo, uma festa quando chegava aos municípios. Para os moradores, uma coisa espantosa, quase mágica. Cheguei a fazer algumas viagens com a Mobralteca, em uma dessas fui para um festival gigantesco em uma cidade que jamais ouvira falar, Maravilha, no oeste de Santa Catarina. O trabalho era coordenado previamente com grupos locais, que se encarregavam de realizar um festival de artes coincidindo com a chegada da Mobralteca. O levantamento dos grupos nas cidades foi fundamental para que criássemos um banco de dados sobre esse patrimônio imaterial – tema que vem sendo discutido exaustivamente nos dias de hoje. Para a criação de bibliotecas em quatro mil municípios eram enviados livros pelo Mobral. Nós acompanhávamos a formação dessas bibliotecas com orgulho.

O governo militar, a ditadura que durou 20 anos foi terrível? Claro que foi. Ditadura nunca mais – é o slogan que deve permanecer vivo. O Mobral, porém, foi maravilhoso. E dou esse depoimento prazerosamente, sem medo de ser cobrada por isso. Até hoje me encontro com Arlindo Lopes Correia, que sucedeu Mário Henrique Simonsen na presidência do Mobral. Mário Henrique criou, e, convenhamos, ele não era um idiota, muito pelo contrário. Arlindo, inteligente, inovador, ousado, o sucedeu e deu uma feição para essa instituição admirável.

Quando estou com Arlindo quase cantarolamos, "*se eu soubesse naquele dia o que sei agora*".

Em 1985, o Mobral foi extinto. Em seu lugar foi criada a Fundação Educar, que acabou em 1990.

Em 1985, eu saí do Mobral e fui trabalhar com meu grande amigo Ziraldo na Fundação Nacional das Artes – Funarte. Ziraldo é amigo da vida toda. Nos conhecemos de forma deliciosa. Uma noite eu e Luiz Fernando passamos na Fiorentina para comprar cigarro americano que o porteiro vendia. Não é demais? Ziraldo me viu e não perdeu a deixa, sabia que Luiz Fernando fazia fotos para diversas revistas, se aproximou com a pergunta: "Você é a próxima modelo?" E daí nasceu uma amizade para a vida inteira.

Bons tempos que passaram rapidamente

Fiquei somente dois anos na Funarte, tempo que Ziraldo ficou no cargo. Obviamente ele se indispôs rapidamente com muitas pessoas. Para mim, foram tempos proveitosos, além de estar com meu grande amigo, trabalhar com pessoas maravilhosas como Hermínio Bello de Carvalho – o que aumentou mais ainda a minha paixão por música – ainda recebi um conselho, que muito me ajudou e, de certa forma, modificou a minha vida.

Uma pessoa absolutamente encantadora, que era diretora de pessoal, sugeriu que eu não levasse para a Fundação o meu cargo do município. Lembra, eu era professora concursada? Para ela, o melhor é que eu levasse a minha situação para outro órgão municipal, a Câmara dos Vereadores, por exemplo, e fosse contratada pela Funarte. Sérgio Cabral, o pai, era vereador na época, amigo de muitos anos, companheiro de bar, de música, de conversa, de família. Vi seus filhos crescerem, conheci todos os amigos deles. Enfim, a família Cabral era como se fosse a minha família.

"Grande Lígia" – assim Sérgio me recebeu. Ele sempre me chamou assim. Expliquei a situação, ele chamou Tia Didi – sua irmã, o gabinete era um nepotismo só, reconheço – havia uma vaga sobrando (sempre o rabo pra Lua) e fui requisitada.

Nesse momento, faço uma pausa. Você, que já chegou até aqui no livro, deve estar pensando que sou mais uma daquelas que adora uma "boquinha". Engano seu. Trabalhava todos os dias nos dois lugares. Só um quarteirão separava a Funarte da Câmara dos Vereadores e todos os dias eu ia ao gabinete. Era uma rotina: eu e um querido colega, que estava na mesma situação que eu, atravessávamos a Cinelândia correndo para chegar ao gabinete. Conversávamos no caminho. Ríamos muito da nossa própria loucura, indo de um trabalho para o outro. Quando chegávamos na Câmara dos Vereadores, ele sempre dizia: "estamos aqui, Bonnie e Clyde".

Em determinado momento, houve um concurso interno, e como sou boa de concurso, tinha um currículo bom, diplomas, fui aprovada e me tornei funcionária da Câmara. Logo depois, Sérgio Cabral saiu para ser Secretário de Esportes, e não fiquei pendurada na brocha, fui lotada no gabinete de uma louca desvairada, Bambina Bucci, e permaneci até completar o tempo para a minha aposentadoria – na época era possível se aposentar proporcionalmente com 25 anos de trabalho. Como tinha começado cedo, não demorou muito tempo.

Já aposentada, voltei a trabalhar na política anos depois, com Serginho Cabral, na Assembleia Legislativa do Rio de Janeiro.

Ficou interessado? Isso é assunto para bem depois.

Doada ao Governo do Estado em 1983, seis meses antes da morte da proprietária Laura Alvim, a casa foi transformada em Centro Cultural e inaugurada em 12 de maio de 1986, dois anos após a morte de Laura. Hoje pertence à FUNARJ / Fundação Anita Mantuano de Artes do Estado do Rio de Janeiro, vinculada à Secretaria do Estado de Cultura. O espaço segue à risca a proposta de sua idealizadora de servir de palco para diferentes expressões artísticas. Mulher à frente de seu tempo, Laura queria ser atriz, mas sua família nunca o permitiu. Resolveu fazer desta frustração um estímulo: construiu nas dependências da casa um palco, onde declamava e encenava para amigos, promovia encontros entre veteranos e jovens artistas, sempre incentivando a cultura. (Riotur)

Não estava mais na Funarte e procurava o meu próximo destino.

Muitos amigos estavam ligados ao novo centro cultural do Rio de Janeiro. Darcy Ribeiro havia sido o inventariante de Laura Alvim e era uma questão de honra que seu belo casarão à beira mar em Ipanema fosse transformado em um centro de artes. "Era o desejo de Laurazinha" – costumava dizer. Stella Marinho foi convidada para ser a diretora da Casa de Cultura Laura Alvim. Eu convivia com ela socialmente, achava-a interessante, uma pessoa inteligente que foi a pioneira de centros culturais – havia criado o Centro Cultural Cândido Mendes e me convidava com frequência para os espetáculos. Sentia grande admiração por aquela mulher, que havia se separado de um dos homens mais ricos do Brasil, o empresário Roberto Marinho, e buscado o que fazer, em vez de viver o resto da vida com o dinheiro que tinha.

Foi aí que Tônia Carrero entrou na história.

Pedi que ela desse um toque para Stella que eu adoraria trabalhar lá.

E quem resistiria ao apelo da bela e maravilhosa Tônia? Logo depois, Stella me ligou e me chamou para conversar. Uma coisa é conhecer socialmente, outra ser avaliada profissionalmente, claro. Levei currículo, contei a minha história. Dois dias estava nomeada.

Aí começa uma fase gloriosa da minha vida.

Os tempos gloriosos à beira mar

Trabalho na esquina da minha casa mais uma vez. Stella é uma das pessoas mais agradáveis com quem tive o prazer de conviver. Antiburocrata, ela comanda a casa com sabedoria, criatividade e em um clima de amizade. Não havia uma relação tensa hierárquica de diretor para funcionário. Stella conhecia todos os artistas plásticos e coordenava pessoalmente a galeria da Casa. Eu me lembro bem um dia em que estava conversando com ela e falei que ia viajar para Nova Iorque (para variar!). "Não deixe de ver o Basquiat" – foi o seu conselho. "Não conheço" - respondi. "Ah, Lyginha, você conhece sim, só não está sabendo disso". Era uma aulinha, entre tantas, de Stella. Acabei super fã de Basquiat.

Grande Stella!

Trabalhava com pessoas maravilhosas, como Cláudia Faris, Celinha Rezende, Marcos Edon e a Casa de Cultura Laura Alvim era um entra e sai de gente incrível. Em um momento, estava lá Paulo Autran; no outro, Fernanda Montenegro.

Eu coordenava a parte de livros e criava eventos, que marcaram esse tempo da Laura Alvim, como *Perto de Clarice*, 1987, em sua memória nos dez anos de morte: uma exposição de quadros que Clarice havia pintado, livros, dedicatórias, exibição de um documentário, textos de Clarice interpretados no palco por Jacqueline Laurence. Foi um evento retumbante.

Será que me redimi com Clarice quase 20 anos depois daquele dia em sua casa em 1968?

O que você acha? Eu prefiro pensar que sim para não ser odiada pela eternidade.

Foi um grande período da Casa de Cultura Laura Alvim.

Em 1988, Stella cria o I Salão Carioca de Humor, que permaneceu vivo por muitos anos. Quase no momento da abertura, morre Henfil, um dos principais cartunistas brasileiros, e conseguimos fazer uma sala somente com seus trabalhos. Assim a equipe trabalhava.

Foi um grande período que durou até Brizola ser eleito pela segunda vez e assumir como Governador do Estado, em 1991. Dançamos todos!

Durante 19 anos de meu casamento com Fernando, ele tentou que eu parasse de trabalhar. Ficava me seduzindo com possibilidades de morar fora, passar uma temporada em Londres, mudar para Singapura. Nunca topei. Como também jamais pensei em trabalhar com ele. Aconteceu, simplesmente porque fiquei desempregada. Fico besta como alguém trabalha com marido? Não deu certo, o durex foi o culpado e não vou recontar essa história.

Vida que segue.

Em 1993, fiz uma viagem e quando voltei havia uns 500 recados da Stella Marinho. Meus netos vão entender agora que houve uma época em que celulares não existiam e os recados eram deixados em uma geringonça chamada secretária eletrônica. Ligo para Stella e ela me diz: "estou segurando a sua vaga". "Vaga para quê?" Ela estava assumindo a presidência da Casa França-Brasil e queria que fosse trabalhar lá, ser diretora.

A glória seguida da tristeza

Começaram novos tempos gloriosos.

Que acabaram logo, porque Stella cometeu a indelicadeza de morrer em uma viagem. Com seu humor, ela adoraria essa frase. Eu deveria ter viajado com ela nessas férias, havia sido convidada, mas não pude aceitar porque meus pais estavam comemorando Bodas de Ouro. Laura Carvalho, grande amiga até hoje, foi a companheira de viagem de Stella, que sofreu uma tentativa de assalto em Nice, na França, reagiu, ficou muito nervosa e logo depois, já no hotel, teve um acidente vascular cerebral. Um dia depois, sua morte cerebral foi diagnosticada.

Ficamos órfãs de Stella no dia 24 de outubro de 1995.

Grande Stella!

No enterro estávamos todos que a conheciam muito emocionados. Uma grande amiga sua se aproximou e me disse: "você deve estar bem triste mesmo, porque Stella lhe adorava".

Era recíproco, era recíproco.

Fiquei mais alguns anos na Casa França-Brasil, mas jamais foi a mesma coisa.

Quando Ana Lúcia Magalhães Pinto assume a Casa, nomeada por Adriano de Aquino, então Secretário de Cultura, minha cabeça fica a prêmio. Claro que me aborreço. Acho que Adriano, com quem tinha uma boa relação, poderia ter tido a delicadeza de me chamar para conversar. Mas nem todo mundo sabe o que é o *tempo da delicadeza*, cantado por Chico Buarque.

A minha amizade com a família Cabral me fez ficar bem próxima de Suzana Neves, com quem Serginho se casaria. Conhecia seus pais e nossa amizade se aprofundou quando ela trabalhou comigo na Funarte. Em sua casa em Araras, havia um quarto para mim para que eu fosse na hora que quisesse.

Quando saí da Casa França-Brasil, fiquei bem desnorteada, liguei para Suzana, que me mandou ir imediatamente ao gabinete do Serginho, que era Presidente da Assembleia Legislativa do Rio de Janeiro.

E aí começa novo capítulo da minha vida e do livro.

17

Inocente inútil

Não defendo Sérgio Cabral. Sou, porém, muito justa, sei que ele está preso e merecia a condenação, porque foi provado que era chefe de uma quadrilha hedionda. Com relação a mim, porém, sou grata. Ele me socorreu em um momento bem complicado da vida. Sou grata, também, a Suzana que fez a intermediação, e ela mandava como ninguém no gabinete do Sérgio. Não somos mais amigos, essa turma ficou realmente no passado, é um clube do qual não faço mais parte, talvez o único que tenha pedido desligamento do quadro de sócios. E que também tenha sido sumariamente afastada, afinal, jamais fiz parte do esquema e nem mesmo fui sondada. Posso dizer que, mudando a expressão comum, fui uma inocente absolutamente inútil.

Foram me chamar
eu estou aqui o que é que há
Eu vim de lá
eu vim de lá pequenininho
Mas eu vim de lá pequenininho
Alguém me avisou
Pra pisar nesse chão devagarinho

Alguém me avisou (Dona Ivone Lara)

Voltando o relógio do tempo: após falar com Suzana, fui correndo para o gabinete e Sérgio me recebeu com pão de ló, como aliás, sempre havia sido tratada por ele, que conhecia desde jovem. Chamou seu chefe de gabinete e avisou que gostaria que eu começasse a trabalhar no dia seguinte. Não teve nenhuma discussão, afinal Sérgio era o presidente da Alerj. E complementou que eu participaria das reuniões da mesa diretora. O salário era cinco mil dinheiros. Brinquei: "acho que vou me casar com você, estou rica". Rimos. Eu ganhava mais na Casa França-Brasil, mas naquele momento era um salário ótimo.

Eu trabalhava na antessala, era assessora do presidente, muita gente me pergunta: "mas você não sabia". Resposta: "não". "Mas você nunca fez um trabalho sujo". Reposta: "não". Mas fica a ressalva, não faria em hipótese alguma se soubesse que estava fazendo algo ilícito.

É claro que havia pistas do caráter do Sérgio, desde a juventude. Na faculdade, ouvi vários relatos dos meus estagiários na Laura Alvim que ele só assinava os trabalhos, jamais fazia nada, na UniverCidade (como sempre odiei esse nome, um acinte ao português). Pegou o filão da Terceira Idade e explorou bem, cansei de ir a bailes no Canecão, e ver as velhinhas enlouquecidas por ele. Não vou negar que tudo isso eu sabia, mas pensava que algumas atitudes eram arroubos da juventude; outras, malandragem carioca.

Se eu soubesse naquele dia o que sei agora...

Nunca vi nada no gabinete, repito. E trabalhava muito, não era do povo da "rachadinha", como chamam agora. Sexta-feira à tarde, como em todos os dias, 5h30 ainda estava lá e todos se surpreendiam. Sem chance de alguém ligar e não me encontrar, não suportaria isso. Nunca fui fantasma do Gabinete.

A verdade é que aquele Serginho irresponsável que conheci na juventude não havia mudado nada. Todos os seus amigos dessa época com quem convivi, foram presos também. Isso me choca até hoje. Quantos finais de semana passei com todos eles em Araras. Até hoje penso, ou melhor, especulo como a quadrilha se organizava e agia diante dos meus olhos, sem que eu nada percebesse. E por que fui poupada? Talvez porque soubessem que não compactuaria com as práticas corruptas. Ou porque eu não tinha importância mesmo para o esquema – o que é provável.

Quando o escândalo estourou, eu só pensava: "como é possível destruir tudo desse jeito?".

Não sei a resposta.

Penso também que nenhuma mãe merece ir todo sábado visitar o filho na penitenciária, como Magali vem fazendo há anos. Tenho pena dos filhos por estarem de alguma forma pagando o erro dos pais. Sérgio não pensou em ninguém, só nele mesmo

Tudo farinha do mesmo saco

Como minha mãe, fiquei completamente desanimada com a política em geral. Nos anos 60, meu pai adorava Lacerda e minha mãe achava aquilo tudo uma chatice, inclusive seus discursos. No dia em que fez 70 anos pegou a tesoura e picou o título de eleitor. Estou quase lá. Acompanhei com entusiasmo algumas campanhas, votei no Covas, no Lula (eu não consegui acreditar no Collor), no Serra. Com Crivella e Witzel não entro nem no mesmo elevador, bizarros. O capitão dispensa qualquer comentário. Estou achando bem complicado o Brasil de hoje, completamente polarizado, e com mentalidade dos anos 1950, um encaretamento geral e um medo do comunismo. Onde é esse país comunista em que eu nunca estive? O Brasil certamente nunca foi nem mesmo socialista. Como é possível conviver com essa caça às bruxas na cultura? Está tudo muito errado e de cabeça para baixo.

Hoje, de novo como minha mãe, acho que político é tudo é farinha do mesmo saco. Pensam neles e não na população. Há exceções, sei, quando paro para pensar um pouco. Toda generalização é perigosa. Por exemplo, não me conformo que o Rio de Janeiro não tenha reeleito Chico Alencar, professor e figura fundamental no Congresso.

Aliás, "tudo farinha do mesmo saco" me rendeu um problema enorme. Uma vez, fiz um comentário no Facebook usando essa frase em um post sobre a farra dos guardanapos. Algum tempo depois, encontrei a família Cabral. Sérgio pai, aquela figura adorável, se aproximou: "vou falar com essa moça que amo, grande Lyginha". Magali fez uma tromba. Claudinha, a outra filha do casal, passou por mim com cara de ódio. Seu marido, César, me explicou que ela estava furiosa porque eu chamara o irmão dela de ladrão.

Eu não havia postado isso.

Estranhei bastante a reação.

Um ano depois, Serginho estava preso.

Hoje todos falam comigo.

Nova gestão, novo estilo, oito anos de prazer

Para minha felicidade, em 2007, fui chamada pela Adriana Rattes, secretária de Cultura, para voltar para a Casa de Cultura Laura Alvim. Quem dirigia a Casa era Eliana Caruso, que se confrontou com Adriana, quando aconteceram as obras de reforma dos cinemas – ocupados pelo Grupo Estação, do qual Adriana era criadora e principal executiva. Quando Adriana assumiu como Secretária, cortou a cabeça da Eliana e me convidou, por indicação de outros que conheciam o trabalho que havia feito no centro cultural. Eliana ficou furiosa, nunca mais falou comigo e nem mesmo me cumprimenta.

Não tenho culpa se ela achava que o cargo era vitalício. Eu sabia muito bem que não era.

A gestão da casa era completamente diferente dos tempos de Stella. Nada podia ser decidido sem a aprovação de comissões, peças que entrariam em cartaz, por exemplo. Eu participava da comissão, claro, apresentando o projeto e dando o meu parecer, o que muitas vezes foi corroborado por Geraldo Matheus, a quem admiro muito. Ele nunca soube como me fazia feliz. Depois, esse esquema foi mudado, não para melhor, a indicação dos espetáculos vinha diretamente da FUNARJ, onde havia diversos apadrinhamentos. Havia também uma comissão de artes plásticas, e eu e Adriana tivemos uma vitória, durante oito anos a galeria de arte foi excepcionalmente boa, com curadorias de nível bem alto, que se renovavam de dois em dois anos. Todos os maiores artistas contemporâneos expuseram lá. Todos os catálogos eram belíssimos, e sem dúvida, a galeria de arte foi um dos pontos altos da gestão.

Quando Pezão assume o Governo do Estado, em 2015, saio pela segunda vez da Casa de Cultura Laura Alvim. Eu já vinha batendo de frente com a então Secretária de Cultura, eu me desgastava bastante com a nossa relação. Além disso, Suzana Cabral continuava mandando e desmandando no governo, tão poderosa quanto antes e foi fácil ligar os pontos quando ela me telefonou um dia, quando eu já havia saído da direção da Laura Alvim. Ela me conta que Renata, filha do meu querido e saudoso amigo Rogério Monteiro, havia sido convidada para assumir a Casa. Obviamente, não sou tola, Suzana costurara essa nomeação, porque tinha uma relação muito próxima com Renata. A partir daí, Suzana desapareceu por completo da minha vida, nunca nem mais nos encontramos. Talvez eu tenha saudades da turma de São João Del Rei, seus parentes, com quem passei temporadas deliciosas. Suzana dava uma festa famosa na Sexta Feira da Paixão e passamos memoráveis Semanas Santas. Continuo recebendo da Ângela, mãe de Suzana, todos os anos no dia do meu aniversário, um presente sempre acompanhado de um cartão amoroso.

A música me chamou

Fiquei um tempo sem fazer nada, mas depois de dois anos iniciei uma nova etapa, como produtora da maravilhosa cantora Leila Maria. Mauro Ferreira, um dos grandes críticos de música popular, assim escreveu: *Leila Maria é uma das grandes cantoras do Brasil para qual o Brasil insiste em tapar os ouvidos.* Maria Martín deu este título para sua reportagem no El País: *A Billie Holiday carioca que quer cantar em português.* Enfim, Leila Maria é tudo de bom, e me orgulho bastante de ter dado um empurrão em sua carreira no tempo em que estivemos juntas. Ela fez diversos shows, alguns no exterior e foi um tempo bem prazeroso.

Em um momento, porém, comecei a perceber que estava ficando complicado. E isso não tinha nada a ver com a artista. Eu que estava dividida, porque gosto demais de viajar. Sou daquelas que se me convidam para ir para Petrópolis, arrumo a mala no mesmo instante. Além disso, tenho compromisso mensal de passar uns dias em Belo Horizonte, onde moram meu filho e meus netos. Não abro mão disso. Um dia, estava lá e Leila me mandou mensagem que era preciso preencher um edital. Aquilo me deu uma agonia, sou super careta para trabalho, quero fazer tudo direito e cumprir o que é preciso fazer. Eu me vi em uma casa onde não tinha computador sobrando – meus netos usavam o único – não tinha a menor condição de ler edital no celular, porque sou incapaz de fazer isso no celular, e me perguntei se eu era mesmo a produtora que deveria ser.

Conversei com Zé Luiz e ele me deu a maior força para que encerrasse o contrato – estava tudo por escrito, bases do trabalho, proposta e remuneração. Leila quase chorou quando disse para ela como estava me sentindo, prometi que não a deixaria na mão, estávamos em julho, mas permaneceria até o final do ano. De fato, estava comunicando para ela a minha decisão, que era irreversível e que ela ficasse certa que por toda a vida o que ela precisasse de mim, poderia pedir. Só não queria me sentir presa a um compromisso.

Sempre que posso, vou assisti-la. Amo a cantora e a pessoa.

Ela faz parte da minha vida.

Um ciclo profissional se encerrou aí; um ciclo amoroso, logo depois com a morte do Zé Luiz.

Eu permaneço solta para ir aonde quiser.

Parafraseando a música *Fullgas* de Marina Lima e Antônio Cicero: *meu mundo sou eu quem faz/* Música, letra e dança.

18

Os protagonistas

Já comparei a minha vida com um filme, e posso afirmar sem hesitação. Nessa história há três grandes protagonistas ao meu lado: Luís, Lucas e Sara. É por eles e para eles que escrevo esse livro, para que jamais esqueçam de quem eu fui. Se você, caro leitor, se divertiu até aqui, que ótimo. Cumpro dois objetivos de uma vez só. E se quer saber mais, conto com você me seguindo nessa jornada, cujo final já é vislumbrado.

Não fui uma adolescente que fantasiava ter filhos. Nunca achei que ser mãe fosse o meu principal objetivo. Há pessoas que nascem com a ideia fixa na cabeça: vou casar-me, ter sete filhos e depois, 200 netos. Nunca fui essa pessoa, e tenho muitas amigas que eram assim.

O desejo nasce porque amo Luiz Fernando e um filho é algo que começa a ser pensado. Sei o dia em que engravido e logo estou morta de paixão pela criança, que jamais é coadjuvante, mas sim protagonista da minha vida para sempre. É bom ter certeza de que me casei porque quis, engravidei na hora que tive vontade. Nada foi por acaso, mas por amor.

É tão tarde
A manhã já vem,
Todos dormem
A noite também,
Só eu velo
Por você, meu bem
Dorme anjo
O boi pega Neném;
Lá no céu
Deixam de cantar,
Os anjinhos
Foram se deitar,
Mamãezinha
Precisa descansar
Dorme, anjo
Papai vai lhe ninar:
"Boi, boi, boi,
Boi da cara preta
Pega essa menina
Que tem medo de careta".

Acalanto (Dorival Caymmi)

Sou a mãe perfeita, claro que não. Não penso nisso, faço o que é possível nos primeiros anos, mas logo me separo, sou jovem e quero mesmo é me esbaldar. Repito, Luís foi desejado, querido, e não um acidente de percurso, uma gravidez indesejada, mas quero me divertir também. Não abro mão de ir à praia com ele, bem cedinho, depois vou para casa, ele fica com Cecília e eu volto para encontrar a turma de Ipanema até o anoitecer. Luiz Fernando tinha um barco nessa época, e eu odeio barcos, preferia ficar com a minha turma. Logo depois caso de novo e faço diversas viagens, às vezes chegando a ficar fora quase um mês. Minhas amigas acham incrível que eu viaje sem culpas. Eu acho ótimo poder fazer isso, ainda mais porque tenho em casa Cecília, que o ama desmedidamente. Não sinto culpa.

Péra aí! Acho que em um momento lá atrás desse livro eu disse que era uma mãe culpada. Não era não. Não vou apagar o que escrevi porque acho bom mostrar que até hoje tenho contradições. A verdade é que a culpa veio depois, com a maturidade, em que me perguntei muitas vezes se tinha sido uma mãe relapsa. Fui sim, mas parece que deu certo, ele sobreviveu bem às minhas ausências. Luís foi ótimo em todas as fases da vida, garoto inteligente (eu dizendo isso é meio cretino, mas são os outros que falam isso com frequência), bonito (não precisa de exame de DNA, é a cara do pai), independente, amigo de seus amigos e tantas outras qualidades.

Sua saúde foi delicada na infância. Aos cinco anos ele teve um infarto no baço. Não podia ser uma dor de garganta? Alergia? Não, precisava ser algo bem complicado, médicos discutindo se era necessário tirar o baço. Tirou e acabou dando tudo certo. Ficou ótimo e forte – como é até hoje.

Estudou sempre no colégio Santo Agostinho. Aos 16 anos, fez intercâmbio em uma cidade pequena, Kalamazoo, perto de Chicago. Existe até um jazzinho bem gostoso que se chama I've Got a Girl in Kalamazoo, um clássico de Glenn

Miller, que eu e Fernando ouvíamos. Um dia, descobri que meu menino não era mais um garotinho, quando sua "mãe americana" me disse que ele não estava em casa, porque tinha ido ver a namorada em Chicago. Luís havia crescido.

Fez Desenho Industrial na Esdi, um lugar muito especial e que, por ele, estaria lá até hoje.

Luís sempre foi bem independente, depois que o pai morreu foi morar sozinho, aos 20 anos. Sair de casa, morar só, levar de vez em quando uma quentinha da casa da mãe deu muito certo. Um dia, foi trabalhar em São Paulo. Dividia o apartamento com Guto, filho de Márcia, minha amiga de infância.

Em quatro meses na cidade, morava na Lapa e jogava bola no bairro do Limão. Um amigo me disse: "esse menino é incrível, eu moro há 60 anos em São Paulo e não sei onde fica o Bairro do Limão".

Ele fez amigos no Santo Agostinho, nos Estados Unidos, na esdi e no Bairro do Limão.

Não sei a quem puxou!

Trabalhou com design de revistas e foi parar na agência Thompson, para fazer o primeiro site da Nestlé. Às vezes, ficava na agência até de madrugada. Muitas vezes fui a São Paulo e não consegui encontrá-lo.

Aos trinta anos decidiu mudar de vida.

Num gesto ousado, contabilizou o que tinha de reserva, e pediu demissão daquele mundo.

No réveillon do ano da decisão, ele conheceu Carol e se apaixonaram. Grande figura, mulher forte, determinada, mineira fazendo mestrado em psicologia social na PUC de São Paulo. Sua mãe, uma figura incrível, Eliana, insistia: "mas o Luís faz o quê?" "Ele anda pelas ruas, é um andarilho. E fotografa" – Carol respondia. Imagina a preocupação na família. As amigas de Eliana insistiam que "desse mato não sai coelho", porque eles namoraram anos.

Como as pessoas falam o que não sabem, só para causar encrenca.

Toca o telefone, tarde já. Ouço uma gritaria do outro lado, uma confusão. Carol tem seis irmãos e estão todos no sítio da família, em Ouro Preto. É sábado e todos decidiram ir. Luís pede silêncio e conta que vai se casar com Carol.

Ele já havia se mudado para Belo Horizonte – onde Carol morava.

O andarilho acabou o mestrado na USP, engrenou doutorado na UFMG, fez concurso e se tornou professor de fotografia na universidade. Luís cria, também, jogos de tabuleiro. Os temas são variados, de reciclagem a queijo Canastra. Foi a um megaencontro desses jogos, com mais de 150 mil pessoas, na Alemanha. E eu que nem sabia que existia comunidade de jogos de tabuleiro! Estou aprendendo devagar. Luís me ensina cada coisa.

Em 2019, entrou de sócio em um café com jogos, o LudoCafé, numa linda casinha em BH, onde adultos e crianças vão para jogar, comer, se divertir. Num mundo dominado pelo digital, pelos jogos eletrônicos, há muita gente interessada em jogos de tabuleiro.

Luís e Carol não estão mais casados. Motivo: ora, casamentos acabam. O casamento se desfez, mas a amizade permanece intensa. As duas famílias continuam se frequentando e se respeitando. Eles conduziram muito bem a separação. As crianças foram inteiramente poupadas nessa dissolução e amam igualmente os pais.

Close your eyes
Have no fear
The monster's gone
He's on the run and your daddy's here
Beautiful, beautiful, beautiful
Beautiful boy
Before you go to sleep
Say a little prayer
Every day in every way, it's getting better and better
Beautiful, beautiful, beautiful
Beautiful boy
Out on the ocean sailing away
I can hardly wait
To see you come of age
But I guess we'll both just have to be patient
'Cause it's a long way to go
A hard row to hoe
Yes, it's a long way to go
But in the meantime
Before you cross the street
Take my hand

Beautiful Boy (John Lennon)

Estou na Laura Alvim e recebo um telefonema da Carol. "E aí, tudo bem?" – perguntei. "Tudo, encomendamos um neto para você". Eu grito de alegria, todos na Casa vêm saber o que acontece. Sei que minha vida nunca mais será a mesma.

Que bom!

Uma das grandes vantagens de envelhecer é ter netos. Que ninguém duvide disso.

Com relação aos meus netos, não tenho dúvidas: sou uma grande avó. Meus irmãos até estranham, nunca imaginaram que eu fosse ficar tão encantada. Nem eu. Sempre soube, porém, que quando tivesse netos seria diferente de minha mãe e de minha avó. Elas nunca foram avós de fato. Neto dorme na casa da avó, não é mesmo? Eu nunca dormi, nem Luís. Minha mãe pode vir de onde está só para me desmentir, porque sempre quando viajava eu pedia para ela ficar de olho no Luís. Claro que ela ficava, não era maluca, mas eu só viajava tranquila porque tinha a babá maravilhosa. No fundo, Dona Lygia achava que essa era a melhor forma de ser avó. Eu acredito em outra maneira.

Quando Lucas nasceu, enlouqueci, foi a coisa mais fantástica que me aconteceu. Com Sara a sensação de deslumbramento se renovou. Sou aquela avó radiante, orgulhosa, feliz, que "paga todos os micos". Ando com mil fotos na bolsa e exibo meus netos para todos. Há uma história que adoro. Nenê Werneck, querida amiga que não está mais por aqui, me liga e diz que sua amiga Rosa Freire estava achando que eu precisava ser internada. Ela me contou, continuou Nenê, "que você após o bom-dia, você sacou uma foto da bolsa e disse: olha o meu neto". Eu concordei, o que podia fazer, que parecia estar doida, mas adorando essa nova condição. Algumas amigas acham que fiquei chata, mas respondo na lata: "azar o seu, que não tem netos".

Sou de uma geração criada sem afetos desmedidos e demonstrados. Eu me recuso a repetir esse modelo.

There´s nothing like having a grandchild to history in your face every day

(plaquinha comprada na Escócia)

Ganhei há tempos um livro, um diário de uma avó. E comecei a escrever para Lucas, misturando a sua experiência de vida e a minha como avó. Lucas começou a andar em Paris, olha que luxo, e lá está registrado. Sara só pegou uma carona nesse livro, que nasceu antes dela, mas meu amor é igualmente dividido.

Estamos em 29 de abril. Tenho 64 anos e estou absolutamente feliz. Tenho bons e queridos amigos, um filho campeão, uma nora excelente que admiro muito e você, Lucas, que, com um ano de idade já se revela especial, inteligente, sedutor, bem-humorado, feliz, muito feliz.

SARA! Nasceu no dia 20 de agosto de 2012. Linda. Igual ao seu irmão. Você nasceu em uma segunda-feira, depois de eu ter passado quatro dias em Belo Horizonte esperando pelo acontecimento. Seu pai me enviou sua primeira foto, deitadinha no peito da sua mãe, nem banho tinha tomado. E já era uma graça de menininha. Minha felicidade é enorme.

(textos escritos no *Memórias de Uma Avó)*

É muito bom ser avó dos dois. Lucas se parece com Luís nos gestos e em temperamento, é tímido, discreto. Sara é elétrica, espevitada, faladeira. Um dos motivos para querer chegar aos 100 anos é poder curtir mais e mais essa dupla. Agora, mais crescidos, começa um novo tipo de relação. Vou com eles ao cinema, ando pelo shopping, levo Sara para a terapia. Sou de um tempo em que quem não fazia terapia, era um pária da sociedade. Fiz por um tempo, e achei bom, mas acho que realmente é um processo interessante para crianças. Para Sara faz muito bem e os efeitos já são sentidos. Lucas, hoje, quer ir comigo jantar fora. Não é demais? Faço questão de participar. Gosto de me inteirar em detalhes de suas atividades na escola, levo para aula de música, enfim, faço tudo o que posso para estar próxima do crescimento deles.

Meus netos estudam em uma escola inovadora, totalmente fora dos padrões, sem a formalidade do ensino antigo, e muitos nem entendem a opção que Carol e Luís fizeram. Carol e seu irmão estudaram nessa escola e têm as melhores recordações. Carol conta que quando foi fazer vestibular não entendia o que as pessoas queriam dizer com "detesto prova". Ela não sabia se gostava ou detestava, nunca havia feito. Os alunos têm um portfólio, que é feito depois de alguns meses. As crianças amam. Sou fascinada por essa escola, converso com as professoras, quero que elas saibam que sou avó dos dois. Não é porque moro no Rio que vou me distanciar do cotidiano dos dois. Não mesmo.

Sou amorosa com Lucas e Sara, mas quando começa o momento birra, perco a paciência. Sara, que é uma peça, hilária, cômica, um dia me confrontou:

– Vovó, você não tem nenhuma paciência comigo – diz Sara.

– Não mesmo. E nem tenho obrigação – respondo.

E acabamos rindo.

Ir a Belo Horizonte pelo menos uma vez por mês não é uma obrigação, é um desejo permanente de me enroscar com Lucas e Sara. Daqui a pouco, isso vai mudar. Provavelmente na adolescência eles nem vão dar bola para mim. Espero que não, mas sou realista. Neste livro, porém, estará registrado esse amor imenso. Muitos me dissuadiram a escrevê-lo. Ouvi todos, mas segui em frente.

Minha motivação tinha nome, Lucas e Sara, e espero ter conseguido deixar este legado para quando eles já estiverem maduros compreenderem tudo o que vivi e o que eles significaram na minha vida – o maior amor do mundo.

E que eles saibam que "a vida não é um ensaio geral" – como escreveu Miguel Falabella em uma inspirada crônica. Não tem volta, não dá para mudar o roteiro, é um processo contínuo. Essa é a maior lição que posso deixar para Lucas e Sara. Minha vida só prova isso. Entre erros e acertos, fui vivendo à minha maneira, com minha régua e meu compasso, e fui, antes de tudo, feliz.

19

Música na Alma

Quando comecei a revisar notas, procurar diários, comecei a sonhar muito mais. Um deles me perseguiu por dias, não encontrava explicação. O que acontece no sonho é bizarro. É assim:

Vou a um restaurante que costumo frequentar. Ao entrar, me vejo em um lugar estranho, parece um cenário de teatro, estou em um grande quarto, todo em madeira, bem despojado. Sentado na cama, um ex-namorado que não vejo há tempos me olha, tão espantado quanto eu. Não chego a dizer-lhe algo, porque a presença de Aracy de Almeida passando ao fundo me chama atenção. O que faz a sambista no meu sonho? Acordo sem ter a resposta.

Comento com um amigo, e ele dá uma risada e tem certeza de que a explicação é clara como a água. Aracy é sinônimo de Noel Rosa. Está ali representando *Meu Último Desejo*.

Freud talvez tremesse na tumba, mas gostei da interpretação.

Quando comecei a escrever este capítulo, novamente o sonho ficou vívido na minha memória. E encontrei outra explicação, que agrego à do meu amigo. Música é tão importante na minha vida, que será meu último desejo e sobreviverá ao meu corpo e permanecerá na minha alma.

Um inventário de músicas e amigos

Minha vida é sinônimo de tudo que vivi e que ouvi, com certeza.

Minhas lembranças mais remotas são as aulas de piano, e delas só sobraram as mãos de pianista e um amor crescente pela música.

Adolescente ainda, nos anos 1960, adorava dançar romanticamente, de rosto colado, com música ao vivo. Eu, meu namorado e meus pais íamos às casas noturnas nos finais de semana. Era o tempo de grandes orquestras como a de Ed Lincoln, Moacir Silva, Djalma Ferreira. Waldir Calmon, no auge da carreira como pianista, abriu o *Arpége*, no Leme e era o ponto de encontro dos amantes do romantismo. Seus discos gravados ao vivo – *Uma Noite no Arpége* 1, 2 e 3, lançados em 1956, 1957 e 1958 registravam o sucesso que era a boate na noite carioca. Sua outra série, com 17 Lps, *Feito para Dançar*, animava qualquer festa. Além desses, Waldir Calmon gravou mais 23 Lps. Luxo só! Djalma Ferreira, que era dono do Drink, animava as noites com seu conjunto Milionários do Ritmo, cujo *crooner* era Miltinho. Sua voz anasalada era única, inconfundível. Morreu em 2014, mas desapareceu antes no cenário na música brasileira. Djalma e seu conjunto gravaram um Lp, *Uma Noite no Drink*, e na capa havia a reprodução da porta da boate, que lotava, estava sempre com a pista cheia. Fred's ficava em cima de um posto de gasolina na Avenida Princesa Isabel, no Leme, era uma maravilha. "O cliente enchia o tanque do carro em baixo e a cara em cima", dizia Sérgio Porto, o Stanislaw Ponte Preta. Em 1957 foi inaugurada e por lá passaram Sarah Vaughan e até Bill Haley e seus Cometas.

Copacabana era realmente a princesinha do mar, e o Leme, com suas boates, o rei da boa música.

Não tinha mais de 15 anos nessa época.

A bossa nova me enlouqueceu. João Gilberto era tudo de bom.

Enchi páginas de cadernos com as letras de minhas músicas prediletas.

Se não tivesse o amor... melhor era tudo se acabar

Se você disser que eu desafino, amor...

Rio que mora no mar, sorrio pro meu Rio...

Podem me chamar, e me pedir, e me rogar...

Dia de sol, festa de luz e o barquinho a navegar

Rio é mar, eterno se fazer amar

Ela é carioca, carioca, olha o jeitinho dela andar

É muito difícil falar da Bossa Nova sem pensar, na verdade, em uma determinada época. Aquele novo modo de tocar violão e de fazer música refletia o mundo em que vivíamos. Não é só saudosismo, é recordação mesmo de um período cujo símbolo perfeito é Juscelino Kubitschek. Era menina, não votava, mas era fã absoluta daquele presidente supersimpático, comunicativo, pé de valsa. Sempre quis conhecê-lo, o que acabou acontecendo anos depois em um jantar na casa de sua filha Márcia. Ele era realmente encantador. Quando eu ia fazer trinta anos, resolvi que as comemorações seriam em Diamantina, onde sabia que ele também estaria para uma série de homenagens. Na minha fantasia, dançaria com Juscelino a minha valsa dos 30. Infelizmente, um acidente levou-o dias antes, em 22 de agosto, e minha festa se transformou em uma grande seresta em sua cidade natal, homenagem póstuma a uma figura tão querida de todos, verdadeiro símbolo de um Brasil bem mais feliz.

Oh, Dick?
– Fala, Lúcio
Arranjei novo amor no Leblon
– Não diga!
Que corpo bonito, que pele morena
– Eu conheço
Que amor de pequena, amar é tão bom
Oh, Lúcio?
– Fala meu irmão
Ela tem um nariz levantado?
– Tem
Os olhos verdinhos
– É mesmo
Bastante puxados
– Uhum
Cabelo castanho, né?
E uma pinta do lado
É a minha Tereza da praia
Se ela é tua é minha também
O verão passou todo comigo
O inverno pergunta com quem
Então vamos
A Tereza na praia deixar
Aos beijos do sol
E abraços do mar
Tereza é da praia

Não é de ninguém
Não pode ser tua
Nem minha também
Tereza é da praia

Tereza da Praia (Tom Jobim e Billy Blanco)

Amo Dick Farney e Lúcio Alves. Quando criança não podia imaginar que um dia ia dançar ao som do piano de Dick Farney. Ao vivo. Ou que me tornaria amiga de Lúcio Alves, uma das mais belas vozes dos nossos cantores. Posso dizer que cantei com ele muitas vezes *Valsa de Uma Cidade*, de Ismael Neto e Antônio Maria, que encerrava os seus shows. *Rio de Janeiro, gosto de você/Gosto de quem gosta/ Deste céu, deste mar, desta gente feliz.* Eu acreditava nesses versos nessa época. Tenho uma linda recordação de Lúcio, em um programa de seu show, assim escreveu: "para Lygia Marina, duas músicas que eu canto e gosto".

Tito Madi, uma paixão. Sem dúvida um dos grandes cantores e compositores românticos, com seus sambas-canção. *A Noite está tão fria/ Chove lá fora*, cantava Tito acompanhando pelo ótimo pianista Ribamar, que, bem mais tarde, ouviria sempre em um bar do Leblon.

Em 1965, vi um dos maiores espetáculos no Rio de Janeiro: *Gemini V*, em um lugar mínimo: Porão 73, em Copacabana. Leny Andrade, Pery Ribeiro e o Bossa Três. Adoro Leny até hoje, nos conhecemos pouco, mas sempre que ela se apresenta, "estamos aí", como dizia meu amigo Durval Ferreira, compositor, violonista, guitarrista, arranjador e produtor, um dos maiores que o Brasil conheceu. Pery tem meu carinho especial, nasceu nas mãos da minha tia, como contei, e foi pessoa presente na minha vida desde sempre. Uma vez fiz-lhe uma surpresa e fui comemorar o seu aniversário no Blue Note, em Nova Iorque. Fui com outra grande amiga, Mariá, excelente cantora radicada há anos nos Estados Unidos, ao lado do doce pianista Dom Salvador – olha ele aí de novo. Conheci o casal há anos, no tempo em que ambos eram sucesso em um dos mais icônicos bares cariocas, infelizmente desaparecido, o Number One.

O Bossa Três era formado por Tião Neto, Luiz Carlos Vinhas – ambos falecidos – e Roni Mesquita, que abandonou a música, trocou a noite pelo dia, a bateria pelas artes plásticas. A música perdeu um grande músico e as mulheres perderam um verdadeiro "colírio". Vinhas tocava com uma alegria contagiante. Uma vez, quando voltei de viagem, encontrei a seguinte mensagem na secretária eletrônica: "Lyginha, estou com saudades. Vou tocar hoje no Mistura Fina que você gosta. Te espero".

Não deu tempo de vê-lo no que viria a ser seu último show.

Hoje não perco nada, vou a tudo, aceito todos os convites que me fazem.

É muito triste lamentar o que não se fez.

Às vezes me sinto com 100 anos, de tantas coisas que vi, ouvi, dancei.

Mas posso dizer que aproveito cada momento, e não deixo escapar nenhuma oportunidade.

Todos acham que eu falo demais
E que eu ando bebendo demais
Que essa vida agitada
Não serve pra nada
Andar por aí
Bar em bar, bar em bar

Dizem até que ando rindo demais
E que eu conto anedotas demais
Que eu não largo o cigarro
E dirijo o meu carro
Correndo, chegando, no mesmo lugar

Ninguém sabe é que isso acontece porque
Vou passar toda a vida esquecendo você
E a razão por que vivo esses dias banais
É porque ando triste, ando triste demais

E é por isso que eu falo demais
É por isso que eu bebo demais
E a razão porque vivo essa vida
Agitada demais
É porque meu amor por você é imenso demais

Demais (Tom Jobim e Aloysio de Oliveira)

Sempre adorei essa música, meio fossa, meio triste, meio a história de todo mundo. Quem de nós não tem um quê de Rê Bordosa, personagem criado bem depois pelo cartunista Angeli? Um dos seus autores, o suave Aloysio de Oliveira, sempre que vinha de Los Angeles, ia direto para a minha casa. Eram muitos uísques, um cigarro atrás do outro, no almoço, rosbife com arroz com sorvete de creme na sobremesa. Ele tinha qualquer coisa de menino triste, nostálgico, me parecia solitário, mas tinha o que contar com aquela voz inconfundível, que me acostumei a ouvir desde menina, já que ele foi dublador dos filmes da Disney.

Aloysio ficou famoso pela sensibilidade na escolha de arranjos, no bom gosto de sua gravadora Elenco e na capacidade de "farejar" novos talentos. Lembro-me dele me entregando uma fita cassete e me dizendo: "ouça, em primeira mão, a nova Elis Regina". A cantora era Leila Pinheiro, que faria uma releitura da bossa nova, que a consagrou.

A última vez em que nos vimos foi na Cobal do Leblon, *point* carioca durante alguns verões. Coisa mesmo do Rio de Janeiro eleger o estacionamento junto a um hortomercado para tomar chope. Aloysio estava com Tom. Ninguém poderia imaginar que alguns meses depois os dois não estariam mais aqui.

Vinícius de Moraes esteve em minha casa mais de uma vez com seu violão e seus carinhosos diminutivos. Em São Paulo, foram muitas as noitadas na casa de Zequinha Marques da Costa, querido amigo Zequinha, empresário paulista, pequenino, um charme, adorava dançar, a vida para ele era uma festa. E cada vez que vinha ao Rio, era uma alegria ininterrupta. Um acidente de carro levou-o cedo demais.

Foram incontáveis os jantares com Vinícius no Concorde, após um show no Canecão. Impossível falar desse espetáculo, no final dos anos 1970, sem falar de seus companheiros de palco: Miúcha. Toquinho e Tom, grande maestro, lindo, de branco, tocando *Lígia* e eu, junto ao palco, completamente fascinada.

Se você quer ser minha namorada
Ah, que linda namorada
Você poderia ser
Se quiser ser somente minha
Exatamente essa coisinha
Essa coisa toda minha
Que ninguém mais pode ser

Minha Namorada (Carlos Lyra e Vinícius de Moraes)

Assim cantava Carlinhos Lyra. Um gato. E continua sendo. Nós nos vemos com frequência e seu charme permanece. Toda a minha geração namorou ao som de suas belas parcerias com o poetinha.

Nessa época, todos ouviam a Rádio Tamoio, que só tocava música brasileira, não tinha anúncios (será que tinha? Talvez, mas eram poucos) e a programação encerrava com *Fim de Noite: É fim de noite/Nossa estrela foi embora/Seu olhar me diz agora/Que eu vá embora também*. Chico Feitosa, que acabou tendo o título da música incorporado ao seu nome, foi das pessoas mais agradáveis que conheci. Nos conhecemos na Cobal e nos encontramos várias vezes, graças a Lula Freire, compositor, colecionador de gravações antológicas, editor da revista Ventura e único boêmio que conheci que não bebia, odiava cigarro e frequentava pouco a noite.

As cantoras com bossa

Sempre houve no Brasil cantoras fantásticas, Claudete Soares é uma delas. Pequenina, brejeira, voz agradável. Uma vez, fui ouvi-la em uma casa noturna em Ipanema. Depois do show batemos um ótimo papo, quando ela exigiu que eu ficasse sentada, já que Claudete deve ter a metade da minha altura. Confesso, somos quase ridículas lado a lado.

Dolores Duran cantava e compunha belas músicas. Gostava muito de ouvi-la. Morreu cedo, aos 29 anos, mas deixou grandes clássicos, como *A Noite do Meu Bem*.

Hoje eu quero a rosa mais linda que houver
E a primeira estrela que vier
Para enfeitar a noite do meu bem
Hoje eu quero paz de criança dormindo
E abandono de flores se abrindo
Para enfeitar a noite do meu bem
Quero a alegria de um barco voltando
Quero ternura de mãos se encontrando
Para enfeitar a noite do meu bem

Ah, eu quero o amor, o amor mais profundo
Eu quero toda beleza do mundo
Para enfeitar a noite do meu bem
Quero a alegria de um barco voltando
Quero ternura de mãos se encontrando
Para enfeitar a noite do meu bem

Ah, como este bem demorou a chegar
Eu já nem sei se terei no olhar
Toda pureza (ternura) que eu quero lhe dar

A Noite do Meu Bem (Dolores Duran)

Maysa gravou essa música e fez sucesso. Figura fabulosa, Maysa era louca – e isso todos sabiam –, mas gostou de mim. Ainda bem, foi sempre muito simpática comigo. É verdade que os amigos que me acompanhavam, tanto em casa dela como em alguns jantares, eram pessoas especiais também para ela, como o editor Alfredo Machado. Um de seus últimos discos foi produzido por Aloysio de Oliveira e é antológico. Sua interpretação para Bandeira Branca, sucesso na voz de Dalva Oliveira no final de sua carreira, é inesquecível. E como os galhos da árvore música brasileira se entrelaçam, Dalva é a mãe de meu amigo Pery, o primeiro a gravar Garota de Ipanema, de Tom e Vinícius.

A bela Mariza era amiga de Dolores Duran e fez sucesso com seu jeito doce de cantar. Mais tarde passou a ser conhecida muito adequadamente como Mariza Gata Mansa. Rosa Passos, que fui ver várias vezes, também é exemplo de como o Brasil é pródigo em belas vozes femininas.

Convivi pouco com Nara Leão, a grande musa da bossa nova. Assisti várias vezes ao show Opinião, gostava de seu jeito de cantar e admirava a sua coragem de ousar, de ir da bossa nova ao samba de morro, passando pelas versões de grandes sucessos das músicas americanas, e um disco inteiramente dedicado ao Rei. Adoro.

Roberto Carlos. Ah, Roberto Carlos. Sou fã desde menina, não perdia um programa da Jovem Guarda. *Podem me prender/podem me bater/ mas eu não mudo de opinião*, como compôs Zé Keti. Tive o prazer de conhecê-lo graças ao querido

Aurino Ferreira. Saxofonista do tempo do Beco das Garrafas, época áurea da bossa nova, o conheci quando tocava na orquestra de Marcos Szpilman. Quando já tocava com Roberto, nos encontramos em um voo para Santiago, Chile, e sabendo como eu gostava do romantismo do cantor, apresentou-me rapidamente. Depois fui a um show, com direito a incursão ao camarim e muitas fotos. Anos depois, minha amiga Ivone Kassú me convidou para fazer o cruzeiro do Rei. Uma glória. Sou fã mesmo. E não sou a única. Guardei em um papel um depoimento do Boni: *em 1976, recebi a missão de convidar Tom Jobim para participar do especial de final de ano do Rei. Fomos tomar um chope e ouvi do Tom uma confissão: "eu vou. O Roberto canta muito. Eu adoraria que ele gravasse um álbum só com as minhas canções românticas"*. Nunca aconteceu, mas fica a dica, Rei. Aliás, reza a lenda, que o maior sonho de Roberto era ter sido um cantor de bossa-nova. Se assim tivesse feito, teria sido um dos maiores, com certeza.

São Paulo, também terra da música

Sempre fui bastante a São Paulo. Qualquer motivo me faz pegar um avião para a capital paulista. A música, por exemplo, sempre foi uma boa desculpa. Lá frequentei lugares memoráveis: Baiúca, na Praça Roosevelt para ouvir Araken e Moacir Peixoto, irmãos do Cauby; João Sebastian Bar; Captain's Bar do Hotel Comodoro. Ia a qualquer lugar, só para ouvir os trios Zimbo, Tamba e Milton Banana; ou Os Cariocas, que sempre, como eu, estavam por lá.

Um grande programa nos anos 1960 em São Paulo era assistir *O Fino da Bossa*, no Teatro Paramount. Eu fui. Alaíde Costa com seu jeito especial de cantar, a capacidade de alcançar tons altíssimos, cantou ali, em primeira mão uma das músicas mais lindas que existem: *Onde está Você*, de Oscar Castro Neves e Luvercy Fiorini. *Onde está você/Se o sol morrendo te escondeu? / Onde ouvir você/ Se a tua voz a chuva apagou?* Conheci Oscar, violonista, compositor, arranjador, grande músico em Los Angeles, quando ele estava casado com Regina Werneck, durante um tempo uma das Cys do famoso quarteto. Oscar, além de talentosíssimo, era uma pessoa adorável.

Mas, com certeza a bossa nova nasceu e é essencialmente carioca e o Rio de Janeiro, seu grande homenageado. E me orgulho bem de ter nascido aqui, embora reclame do Rio de hoje sempre, e de ter aproveitado a chance de fazer parte dessa história.

A memória voa quando o assunto é música

Johnny Alf foi um dos grandes iniciadores do novo jeito de tocar e cantar. Era o pianista da bossa-nova. Compositor genial, criou um clássico, entre tantos, *Eu e a Brisa: Ah, se a juventude que esta brisa canta/ Ficasse aqui comigo mais um pouco/ Eu poderia esquecer a dor? De ser tão só pra ser um sonho.* Linda, especialmente quando o inesperado faz uma surpresa, um verso inesquecível da música brasileira. Outra figura genial, João Donato, de quem sempre gostei, mas que conheci muito tempo depois. Ele toca um piano alegre, bem-humorado e é compositor de múltiplo talento e maravilhosos parceiros: de Caetano a Cazuza, de Martinho da Vila a Gilberto Gil.

Menescal e Bôscoli eram uma verdadeira grife da bossa nova. Tudo o que faziam era bom de ouvir. Suas composições tinham a cara do Rio de Janeiro, leves e alegres. Conheci pouco Ronaldo, nos aproximamos mais um pouco através de Miéle, quando ele já estava doente e uma pessoa bem mais agradável do que fora até então, segundo todos que com ele conviveram. Já Menescal, a partir de certo momento, passou a ser uma presença mais constante na minha vida. Ao lado de Wanda Sá e Miéle, procurei estar presente sempre que possível. Quando não pude comparecer a uma estreia paulista, fiz a graça de telefonar para um amigo que sabia estar na plateia. Ele passou o telefone para Miéle, que anunciou minha presença "via Embratel" – a única operadora na época que fazia interurbanos.

E quantos mais músicos e compositores maravilhosos surgem na minha cabeça: Marcos e Paulo Sérgio Valle, os compositores surfistas; Sérgio Mendes, com seu Brasil 66, absolutamente criativo e genial; os grandes violonistas, como Laurindo de Almeida, que viveu nos Estados Unidos e seu nome ficou menos conhecido por aqui; Luiz Bonfá, um músico extraordinário; Rosinha de Valença e seu violão poderoso, de batida inconfundível; Baden Powell, o grande mestre.

Uma vez fui ver um show de Baden no Bobino, em Paris. Na verdade, tentei assistir. Eu e Fernando fomos ao camarim assim que chegamos e encontramos Baden dormindo profundamente, porque havia bebido todas. O espetáculo foi cancelado e ele nunca soube que estivemos lá. Muito depois disso, nos encontramos várias vezes no Rio. Ele fez apresentações magistrais no Rio Jazz Club (mais uma excelente casa noturna que acabou). Tinha parado de beber e apresentou no show sua dupla de filhos, Phillipe ao violão e Marcel ao piano, ambos excelentes.

Dom Um Romão, que baterista! Figura lendária, supersimpática, quem nos apresentou foi meu querido baixista Gusmão. Esse é meu amigo de muito tempo. Sempre que toca sabe que no lugar mais próximo do palco estarei eu para ouvir a sua voz suave de Chet Baker – não por acaso um dos meus músicos favoritos.

Nossa, minha memória voa quando penso em música.

Na minha lembrança surge Agostinho dos Santos, um cantor que ninguém mais cita, caiu no esquecimento. E que cantor! Eu era menina, estava passando férias em Poços de Caldas e ele estava no hotel para um show, que eu não tinha idade para assistir. Pedi-lhe um autógrafo, em um pedacinho de papel, que guardei por muitos anos. Agostinho tinha uma voz e um jeito de cantar que me fascinavam. Não por acaso foi um dos presentes no famoso espetáculo no Carnegie Hall, em Nova Iorque, que lançou a bossa nova no mundo. Dez anos depois, seria uma das vítimas do trágico acidente aéreo em Orly, na França.

Surge também Wilson Simonal. Grande voz, ritmo, simpatia, um sucesso. Passou por problemas, que não vêm ao caso, até porque já foram bem explorados. Estive com ele somente uma vez na vida, e jamais me esquecerei. Estava em uma reunião na casa de Anita e Miéle quando me deparei com uma figura decadente, sozinho, sentado em um canto da sala. Perguntei quem era e quase caí para trás. Simonal estava irreconhecível. Morreria pouco tempo depois.

Há certas figuras que adoraria ter conhecido: Newton Mendonça, um dos grandes parceiros de Tom, é uma delas. Outros conheci, perdi de vista, acho que nem sabem mais quem eu sou. Ainda outros me surpreenderam. Certa noite vi João Palma entrando no Mistura Fina (mais um lugar que não existe mais), apontei-o para amigos dizendo que era um grande baterista. Para minha surpresa, dirigiu-se diretamente para a minha mesa, cumprimentando-me com grande efusão. Não nos víamos há muitos anos, jamais pensei que se lembrasse de mim. Esses momentos me surpreendem, porque em geral somos nós, da plateia, que nos lembramos dos artistas.

Por que você não falou de Chico Buarque – você deve estar se perguntando? Existe um motivo, Chico não é um compositor da bossa nova. Chega um pouco depois para arrebentar e se tornar o ídolo que é. É apenas genial em tudo o que compõe. Nos conhecemos há bastante tempo, frequentávamos os mesmos bares do Leblon, hoje nos vemos de vez em quando na caminhada pelo calçadão da praia. Foi o primeiro a gravar *Lígia*. Logo que ele começou a fazer sucesso (éramos bem jovens então), com seus lindos olhos verdes, aconteceu algo bem engraçado. Fui abordada na rua por uma menina que me perguntou se eu era irmã do autor de *A Banda*, recém-lançada e sucesso absoluto. Certamente por causa dos meus olhos verdes. Quem me dera – pensei. Falando em irmã, sempre gostei muito de Miúcha. Essa, sim, foi uma das pioneiras da bossa-nova, gravando com João Gilberto e Stan Getz.

Ai, ardido peito
quem irá entender o teu segredo
quem irá pousar em teu destino
e depois morrer do teu amor
Ai, mas quem virá
me pergunto a toda hora
e a resposta é o silêncio
que atravessa a madrugada
vem meu novo amor
vou deixar a casa aberta
já escuto os teus passos
procurando meu abrigo
vem, que o sol raiou
os jardins estão florindo
tudo faz pressentimento
que este é o tempo ansiado
de se ter felicidade

Pressentimento (Elton Medeiros e Hermínio Belo de Carvalho)

Como amo esses dois, a mais pura essência do samba. Não sou só uma apaixonada por bossa nova e jazz. Gosto de boa música, e *Pressentimento*, por exemplo, é uma das melhores que já ouvi. Trabalhei com Hermínio na Funarte e nos tornamos amigos. Os saraus na casa de Chico Paula Freitas, que trabalhava no marketing de grandes editoras, como a Abril e a Três, eram maravilhosos e lá me encontrava com Hermínio, com o jornalista Hugo Sukman e nosso assunto sempre foi música. Um dia fui com Hermínio ao Cordão do Bola Preta, o mais tradicional reduto de samba no Rio de Janeiro, e na mesa se sentou Elton Medeiros. Foi amor à primeira vista. Elton era encantador. Adoro uma frase dele: "eu não sou famoso, eu sou manjado. Famoso mesmo é o Paulinho da Viola". Ele foi meu companheiro em muitas noitadas regadas a uísque e samba, das quais tenho imensa saudade, especialmente agora que ele já se foi.

Detesto esse monte de gente que vai embora, sem mais nem por quê. Essa é a grande tristeza de envelhecer.

Come on babe, why don't we paint the town, and all that Jazz
I'm gonna rouge my knees and roll my stockin's down
And all that Jazz
Start the car, I know a whoopee spot
Where the gin is cold but the piano's hot
It's just a noisy hall, where there's a nightly brawl
And all - a-that - Ja-yazz
Slick your hair and wear your buckle shoes, and all that jazz
I hear that Father Dip is gonna blow the blues,

And all that jazz
Hold on hon, we're gonna bunny-hug
I bought some aspirin down at United Drug
In case we shake apart and want a brand-new start
To do - a-that - Ja-yazz

All That Jazz (John Kander e Fred Ebb)

Quem é amante de bossa nova como eu, certamente ama jazz. Sempre gostei, mas essa paixão cresceu bastante durante o meu casamento com Fernando. Desde criança fui apaixonada por Frank Sinatra e Nat King Cole. Metade do meu inglês foi aprendido tirando letras de música dos dois, ouvia umas 300 vezes até conseguir transcrever tudo. O Nat jazzístico, Nat King Cole Trio, fui conhecer depois com Fernando. Ele só gostava do jazz mais tradicional e eu me considerava mais eclética, embora algumas modernidades também me incomodassem. Meu lado tradicional às vezes aparece. Rock para mim parou em Elvis Presley, o resto é barulheira. Faço uma exceção para os Beatles, sensacionais.

Pode rir, eu deixo.

Só para Nova Orleans, eu e Fernando fomos pelo menos três vezes. Está na hora de voltar, porque é uma alegria só, música das oito da manhã às oito do outro dia. Não tenho certeza se continua assim, mas espero que não tenha mudado.

Existe coisa mais maravilhosa do que as grandes cantoras de jazz? Ernestine Anderson, Alberta Hunter, Rosemary Clooney, Lena Horne, Ella Fitzgerald, Sarah Vaughan. São mulheres que não existem mais, definitivamente.

Minha mala está pronta sempre para mais uma ida a Nova Iorque – definitivamente a minha cidade. O jazz certamente é um dos fatores importantes que me fazem sempre retornar. Onde eu vou? Ao Birdland, clube de jazz criado em 1949, e hoje, em nova localização, continua a ser o máximo. Amo. Abre cedo, às quatro e meia da tarde. *And all that jazz!*

Em pleno Columbus Circle, funciona o Jazz at Lincoln Center, que é dirigido por ninguém menos do que Winton Marsalis. Não dá para explicar melhor o que é o local, do que usando as palavras deles próprios: "A missão do Jazz no Lincoln Center é entreter, enriquecer e expandir uma comunidade global de jazz. Acreditamos que o jazz é uma metáfora da democracia. Como o jazz é improvisado, ele celebra a liberdade pessoal e incentiva a expressão individual. Como o jazz está enraizado no blues, ele nos inspira a enfrentar as adversidades com otimismo persistente". Um luxo. O Dizzy's Club Coca Cola, parte do Jazz at Lincoln Center, é deslumbrante com um pé direito enorme e uma vista para o Central Park, de tirar o fôlego. Com um uísque e um bom jazz é a minha definição de paraíso.

Nos anos 1970 um dos locais mais badalados de Nova Iorque era a discoteca Studio 54. Todo mundo frequentava o local, menos eu e Fernando, que tinha ódio a discotecas. Ele preferiria a morte a entrar naquele local barulhento. Hoje é uma casa de shows e restaurante. Nos últimos três anos passei *Thanksgiving* lá. Muitos amigos me convidam para suas casas, mas é uma festa familiar, e acho melhor ouvir uma boa música, sem compromissos com filhos, netos, sogras dos outros.

Enfim, *all that jazz*.

Acho que é hora de encerrar as recordações, finalizar este livro. Sento em uma boa cadeira, preparo um generoso uísque e ouço uma boa música cantada por Frank Sinatra.

Do meu jeito.

Aceita um drinque também?

And now, the end is near
And so I face the final curtain
My friend, I'll say it clear
I'll state my case, of which I'm certain
I've lived a life that's full
I've traveled each and every highway
But more, much more than this
I did it my way
Regrets, I've had a few
But then again, too few to mention
I did what I had to do
And saw it through without exemption
I planned each charted course
Each careful step along the byway
And more, much more than this
I did it my way
Yes, there were times, I'm sure you knew
When I bit off more than I could chew
But through it all, when there was doubt
I ate it up and spit it out
I faced it all and I stood tall
And did it my way
I've loved, I've laughed and cried
I've had my fill my share of losing
And now...

My Way (Jacques Revaux, Gilles Thibault, Claude François e Paul Anka)

Crônicas

A minha amizade com Zélia Cardoso de Mello me rendeu um convite para escrever crônicas na revista que ela editou: *Victoria*.

"Nestas páginas coordenadas por Zélia Cardoso de Mello vamos hospedar opiniões, comentários e artigos sobre temas que raramente as leitoras encontram nas publicações destinadas às mulheres. *Victoria* quer que suas leitoras fiquem por dentro das tendências deste nosso mundo uma usina de ideias" – assim a revista era apresentada, desde o número 1, em 1995. Que responsabilidade! Como nunca fugi delas, escrevi em alguns números da revista. E como fazem parte da minha história, reproduzo aqui nesse inventário de realizações e prazeres, algumas que certamente foram o balão de ensaio de *Música na Alma*.

Por que as favelas não desceram?

Desde que pela primeira vez se apresentou a possibilidade de eu colaborar com a Victoria, minha cabeça virou um novelo, um verdadeiro saco de bombril. Um monte de ideias começou a surgir, às vezes textos inteiros me vinham à mente, outras um branco total se apossava de mim. Escrever o quê? Para quem? Sempre me seduziu a ideia de escrever.

Na primeira pessoa. Não sou ficcionista, não sei criar. Meu único personagem sou eu mesma. Pelo menos é o que pretendo conhecer razoavelmente. Falar do que sinto e vejo. Do que penso das coisas, do mundo, das pessoas que me cercam.

Não sei se chegarei a algum lugar com isto, mas imaginar que alguém se tocou com algum "dito" meu já me encanta. Conversamos algumas vezes antes da decisão ousada (de minha parte) de aceitar a proposta (de risco, certamente) da revista.

Qual é o assunto? Há uma pauta? Diga o que quiser. Escreva sobre o Rio, fale na primeira pessoa. Tudo é pretexto para dizer o que penso. Gosto de não ter compromisso com este ou aquele tema. As ideias vêm e vão. Parece até crônica de Rubem Braga sobre a falta de assunto, mas não é. Não pretendo me ater a fatos, mesmo porque estou convencida de que o importante mesmo é a versão. É esta que se espalha, e essa que corre mundo. É a versão que me interessa, a minha, naturalmente. Se alguém pense diferente, que o diga quando chegar sua vez.

Durante um almoço, Alessandro [Porro, diretor editorial de Victoria, n.d.r.] me pergunta se me lembro que há tempos subíamos o morro e levávamos turistas às favelas. Não havia problema. Segundo ele, as favelas não vão descer (ou vão?!) porque nós já subimos. Acho o tema complicado, polêmico, muito abrangente, para usar um termo da moda.

Guardo uma lembrança antiga, muito vaga, que me veio hoje à cabeça. Eu bem menina comendo goiabada num barraco da favela do Pasmado. Como fui parar ali não sei.

Casa de alguma empregada, talvez. Certamente foi a primeira vez que subi o morro. Anos depois, a goiabada se repete. É engraçado. Paulo Francis provavelmente dirá que pobre adora goiabada. Vou à Vila Kennedy, recém-inaugurada, para onde removeram a favela da Praia do Pinto ou da

Catacumba, não sei. Espetava-se o pedaço de doce na ponta da faca e ia-se mordiscando. Pra uma enfant de Sion, uma experiência inusitada. Nos anos setenta passo a frequentar a Mangueira. Saio na escola, participo dos ensaios, inauguro a quadra.

Tomo cerveja no Só Pra Quem Pode, boteco do morro. As fantasias eram feitas lá mesmo, frequentar a casa do Cartola era costume.

E lá vou eu morro acima de novo. Agora para reuniões comunitárias no morro do Cabrito, para fazer programas educativos para a televisão. Moradores do Pavão, Pavãozinho e Cantagalo foram meus alunos na escola municipal Marilia de Dirceu.

Nem eu sabia que a minha relação com as favelas era tão constante. O Alessandro tem razão. Elas não vão descer porque nos já subimos. Eu, pelo menos, com certeza. Pode ser que eu guarde apenas a lembrança idílica. Deixo o tráfico e a violência para quem entende disso mais do que eu.

Fico com as minhas reminiscências. São elas que quero trazer todo mês para estas páginas.

Um pouco de seriedade não faz mal

Nova York e minha paixão desde a primeira vez que lá estive há 20 anos. Perdi a conta de quantas vezes voltei desde então. Costumo dizer que já fiz viagens de Cinderela e de Borralheira. Todas valeram. A cidade me excita, me estimula, me fascina, me contagia com seu ritmo frenético, fico a mil. Recentemente estive lá de novo. Deixei o Rio 24 horas depois de uma chuva torrencial, em que o caos tomou conta da cidade, houve mortes e desabamentos, bairros inteiros ficaram isolados, o trânsito parou. Não preciso explicar mais, pois desde que a cidade existe as águas de março fecham o verão. Só que as autoridades não sabem disso: reagem sempre com grande surpresa, rezam muito para que a tragédia não se repita, chegando mesmo a responsabilizar pelas mortes os parentes das vítimas. É demais. Aí me ocorrem divagações sobre competência, seriedade, prevenção e por aí. Desembarco em Nova York com horas de atraso e muita desorganização que levam um companheiro de viagem a apelidar de Tower de Babel a empresa que nos transporta. Tower Air, nunca mais: desorganizada, impontual, incompetente. Na van que me conduz ao hotel já esqueci os dissabores do voo. Aquele céu azul intenso, uma luminosidade única, o skyline de Manhattan se aproximando enquanto atravessamos a Queensboro Bridge me deixam eufórica. O motorista, um colombiano simpático e falador, anuncia a neve prevista para o dia seguinte. Na recepção do hotel recebo as boas-vindas e a advertência: take care! Amanhã teremos um *blizzard*, o que em bom português é nevasca mesmo. Aguardo ansiosa a manhã seguinte: para quem saiu do caos a 40 graus à sombra, tudo que eu quero é muita neve. As previsões não falham: às 10 da manhã em ponto começo a receber no rosto os primeiros flocos. Em pouco tempo as ruas se cobrem de branco, os carros deslizam pelas ruas em ritmo lento e cauteloso, mas sinto que há uma espécie de alegria no ar. Dentro de mim a alegria é absoluta: sensação de liberdade total. Pela primeira vez na vida faço uma viagem sozinha ao exterior. É bom demais. Passo no estúdio para ver os amigos e ganho o dia: gravo participação especial no Manhattan Conection, programa semanal que diverte sempre com aquele jeito de papo de botequim inteligente. Nossa revista mereceu boa divulgação. Nevou o dia inteiro. Ninguém se espantou ou deixou de ir aonde devia. Afinal, em Nova York neva no inverno desde sempre e cidade, população e autoridades estão cansados de saber disso. No problem. Não é surpresa para ninguém, de modo que a vida flui um pouco mais devagar. Na manhã seguinte vou para o Central Park. Dia deslumbrante, ensolarado e de céu azul: jovens esquiam, casais se beijam e se abraçam. Tenho a impressão de que eles curtem a neve tanto quanto eu. Por sugestão do Lucas Mendes vou assistir Master Class, peça sobre Maria Callas, com Zoe Caldwell, premiada atriz da Broadway, no papel principal. Quinze minutos após o início do espetáculo, Mrs. Caldwell cai em cena. A plateia chega a confundir atriz e personagem. Seria uma "cena" típica da grande cantora? A apresentação é suspensa. Quando deixo o teatro minutos após o incidente a maca já cruza o meu caminho em direção à ambulância. Rápido e eficiente. É o que chamo de competência. Há tempos venho pensando nisso: competência é nosso lema, quem não tem competência não se estabelece. Segundo o Jabor, o que determina a grande diferença entre a Rio e São Paulo. Nosso balneário é fantástico, lindo, cheio de charme, mas competência, seriedade, profissionalismo passam ao largo. Não se comparam coisas diferentes, eu sei, mas organização e uma pitada, pelo menos, de seriedade não fazem mal a ninguém.

Cenas do cotidiano

Andando na praia, encontro Jaime Lerner, que não vejo há tempos. Conversamos um pouco, breve troca de palavras para não quebrar o ritmo da caminhada. Promete me procurar para trocarmos ideias sobre um projeto dele para a Universidade do Paraná. Tudo o que é novo me agrada. Topo na hora e sigo em frente.

Fim de tarde me liga Sergio Ricardo – músico, compositor, cineasta, pintor, amigo de muitos anos que recentemente revi numa festa. Gostaria de marcar um encontro para me mostrar um projeto voltado para o público universitário e quer saber se tenho como estabelecer contato entre ele e Jaime Lerner.

Parece brincadeira!

Peço socorro ao Ziraldo, amigo de Lerner e meu também. Explico rapidamente do que se trata e pergunto se, por acaso, sabe onde se hospeda o governador quando vem ao Rio. A resposta é uma gostosa gargalhada. Saindo de um shopping (que jamais frequenta) poucas horas antes, alguém correu ao seu encalço chamando-o insistentemente. É claro... Lerner estava no Rio passando os feriados. Não se viam há mais de um ano.

Com tanta coincidência, só me resta pôr mãos à obra e tocar pra frente os projetos.

Recentemente flanava sozinha por Buenos Aires e fui seguida um bom tempo por um sujeito estranho, sombrio, olhar de doido, vagamente ameaçador. Driblei-o de várias maneiras. Entrei e saí de lojas e galerias, tomei um café. E ele ali. Sumia e voltava. Uma situação meio sinistra, aflitiva, desagradável mesmo. Resolvi voltar ao hotel onde amigas me aguardavam e com quem me sentia segura. Comentei o fato *en passant*. Na manhã seguinte saio para uma caminhada enquanto elas acabam de se aprontar. Sigo outro trajeto, quero fazer o reconhecimento de outras áreas da cidade. Há tempos não ia lá. Desisti em pouco tempo. Ao aguardar o sinal verde para atravessar, está o sujeito da véspera, quase ao meu lado, me encarando. Era demais. Dei meia-volta antes que ele se tornasse mais um companheiro de viagem.

Tia, cuidado que ele rouba - me alerta o pequeno vendedor de chiclete referindo-se ao rapaz que aborda o motorista à minha frente. Mais adiante, nova surpresa. Outro motorista, jovem, com ar de executivo, reage a um assalto dando tiros para o alto, e numa fração de segundos imobiliza o pivete com um golpe de judô. No Aterro, um ciclista deixa de lado a bicicleta e espanca sua mulher pra valer. Em frente ao Rio-Sul um quase atropelamento. Um sujeito em disparada cruza a pista segurando a bolsa que acabou de roubar no shopping. Haja adrenalina. Viver no Rio está assim. É uma cidade peculiar, como diria um inglês. Adorável, de qualquer maneira. Única, sob certos aspectos. Não sei de nenhuma outra que eleja como point um estacionamento de horto mercado para o chopp gelado dos sábados após a praia.

Tributo a Tom Jobim

No balcão da ponte aérea a moça me reconhece, dizendo ter me visto na televisão com o Tom Jobim. Na sala de embarque, encontro Jabor; carioca radicado em São Paulo e fascinado pela cidade. Eu também sou. Estou voltando lá depois de quase dois anos. Engrenamos um papo agradável. A irritação dele com o Rio é total. Um cidadão ao nosso lado está de short e camiseta - o que é inconcebível. Não se viaja desta maneira. Falamos mal do Rio, deteriorou-se demais. Falta de organização, diz o Jabor: Em São Paulo tudo funciona. Não dá para comparar as duas cidades. Ambas tem qualidades e defeitos. Estes, aliás, comuns a todas as grandes cidades - engarrafamentos, violência, gente demais etc.

É nas qualidades que elas se diferenciam e a Paulicéia e imbatível. O Rio é o mais deslumbrante acidente geográfico, diz o amigo paulista, quando nos encontra para almoçar.

Os serviços, a eficiência, profissionalismo e a riqueza chamam a atenção da carioca. Lugares sofisticados que os nossos restaurantes cariocas não chegam perto, por mais charme que tenham.

A bordo, encontro Ana Jobim, que está indo para um tributo ao marido morto há um ano. Me oferece dois convites para o espetáculo do dia seguinte. Simplesmente maravilhoso. O amigo que me acompanha chega a chorar. Adora música e Tom é seu maior ídolo. Plateia chique, teatro lindo, "coisa direita". No palco, emoção pura. Nana cantou como nunca, Milton Nascimento, a Banda Nova, o neto ao piano substitui o avô homenageado. Noite de glória. E vamos aos lugares da moda. Gente jovem, elegante, sente-se a presença do dinheiro e, é claro, do conforto na quantidade de estacionamentos espalhados por toda parte. Há competência. Pode ser que exista, mas eu não vi nenhum "flanelinha", essa loucura carioca já institucionalizada para cuidar de nossos carros.

Os paulistas adoram os cariocas. Me intriga que a recíproca não seja verdadeira. Criaram até o Carioca Clube. Esplêndido. Divertido. Repleto. Música ao vivo da melhor qualidade. Quem dizia que paulista é ruim de samba que se cuide, porque aprenderam direitinho.

Quero aproveitar ao máximo o prolongado fim de semana que me trouxe aqui para a estreia do filme *As Meninas*.

Visito galerias de arte, faço contatos, revejo amigos e conheço novos. No escritório da joalheira entra uma cliente simpática, falante, que diz me conhecer de algum lugar. Comento com ela o show da véspera. Era por aí. Há um ano, num tributo a Tom Jobim em Nova York estivemos sentadas lado a lado!

Minha ideia era escrever sobre São Paulo, cidade que me encanta cada vez mais. Gosto do ritmo agitado, da eficiência, do profissionalismo, do ar novaiorquino de certos restaurantes, da beleza da região dos Jardins. Acabei meio envolvida numa aura jobiniana que me fez bem, me alegrou a alma e que eu transformo aqui no meu tributo a ele no primeiro aniversário.

Fotografias

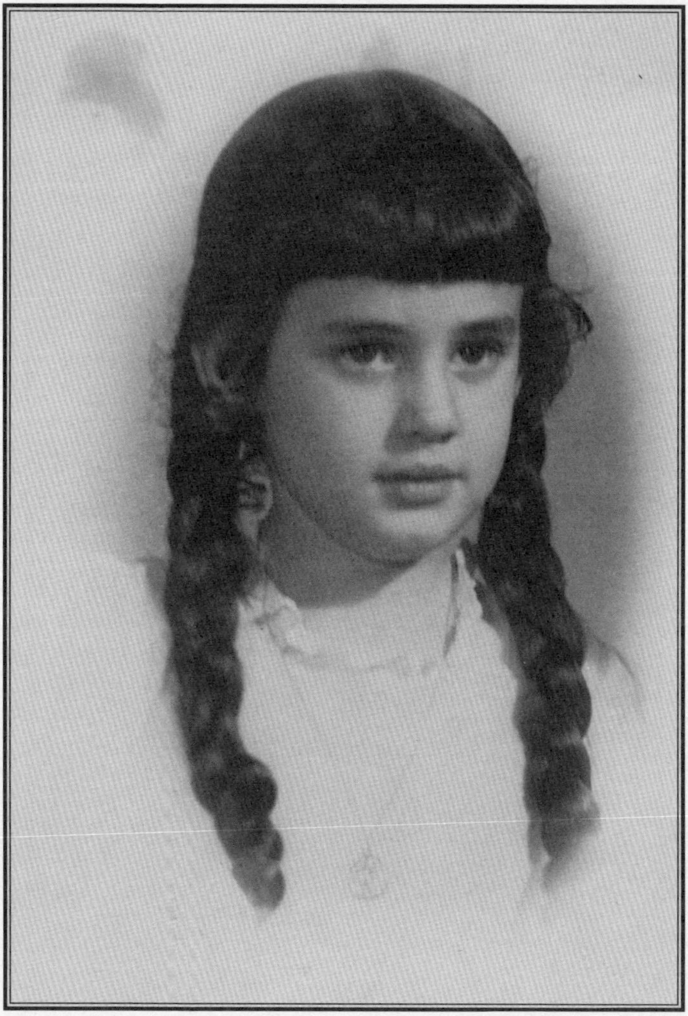

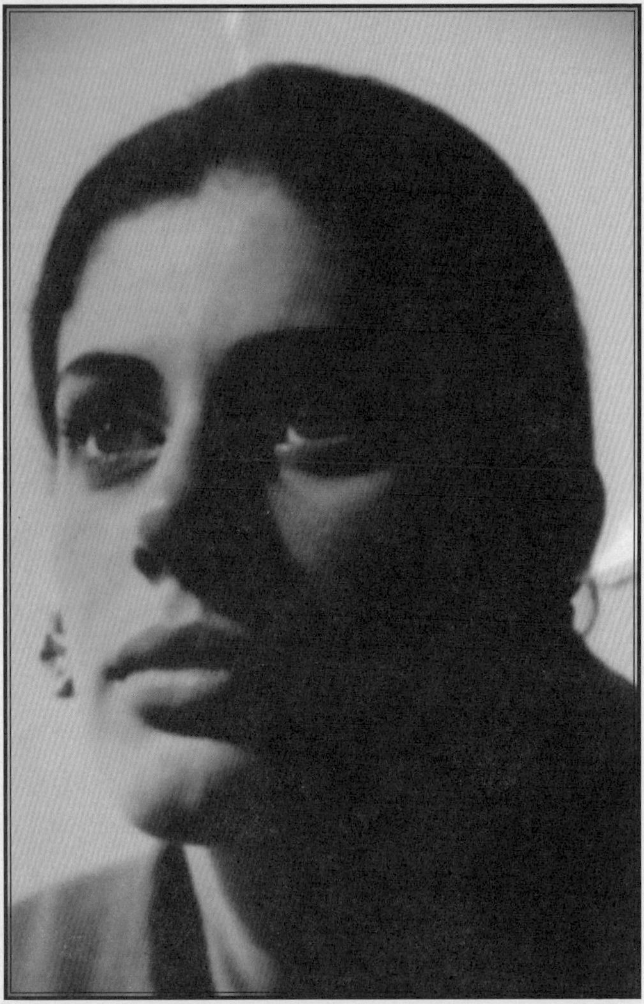

Com Dom Helder Câmara em 1961 recebendo o diploma de ginásio

Com Carlos Drummond de Andrade

Com Jorge Amado

Com Vinícius de Moraes

Com Tom Jobim e Ana Lontra

Com Eliane Elias e Lucas Mendes

Com Haroldo Costa e Mary Marinho

Com Lucas Mendes

Com Marcos Santarita

Com Luis

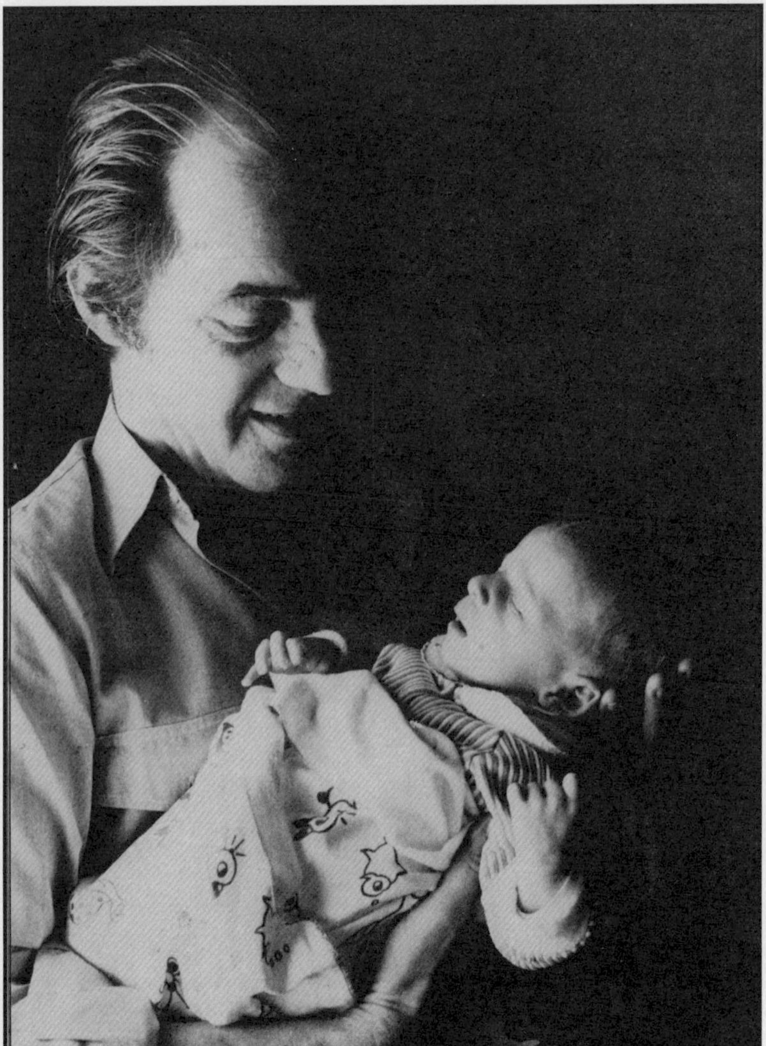

Fernando Amaral com Luis

Com Fernando Sabino

Com Ziraldo

Com Miele

Com Ziraldo, Miele e Ronaldo Camara

Com Don Salvador

Com Tônia Carrero

Com David Neves e Frei Betto

Com Angelo de Aquino e Claudio Mello e Souza

Com Jô Soares (foto de Marco Rodrigues)

Com Claudia Pinheiro e Cristiano Menezes

Com Otto Lara Rezende

Com Marcos Azambuja e Claudia Pinheiro

Com João Luiz de Albuquerque

Com Moacir Luz e Lan

Com Zé Renato

Com Zé Luiz

Com Zé Luiz

Com Luiz Octavio, Katya, Cláudio, Chico e Nelson

Com Sergio Cabral

Com Manuel Gusmão

Com Luis

Com Zoé Chagas Freitas

Com os netos Lucas e Sara

Vermelho Marinho